BIBLIOTHÈQUE D'UTILITÉ PRATIQUE

TRAITÉ PRATIQUE
DE LAITERIE

LAIT, CRÈME, BEURRE
FROMAGES

PAR

Albert LARBALÉTRIER

Professeur à l'École pratique d'Agriculture du Pas-de-Calais et au Collège de Saint-Pol

Ouvrage illustré de 73 gravures et vignettes

PARIS

GARNIER FRÈRES, LIBRAIRES-ÉDITEURS

6, RUE DES SAINT-PÈRES, 6

TRAITÉ PRATIQUE

DE LAITERIE

BIBLIOTHÈQUE D'UTILITÉ PRATIQUE

TRAITÉ PRATIQUE
DE LAITERIE

LAIT, CRÈME, BEURRE
FROMAGES

PAR

Albert LARBALÉTRIER

Professeur à l'École pratique d'Agriculture du Pas-de-Calais et au Collège de Saint-Pol

Ouvrage illustré de 73 gravures et vignettes

PARIS

GARNIER FRÈRES, LIBRAIRES-ÉDITEURS

6, RUE DES SAINT-PÈRES, 6

INTRODUCTION

De toutes les industries de la ferme, la Laiterie est sans aucun doute la plus importante; il n'est pour ainsi dire pas d'exploitation, aussi petite qu'elle puisse être, qui n'entretienne une ou plusieurs vaches laitières ou bien une chèvre.

Le lait donne toujours des bénéfices lorsqu'on sait en tirer parti, soit qu'on le vende en nature, après lui avoir fait subir au préalable un traitement ayant pour but d'assurer sa bonne conservation, soit qu'on le transforme en beurre, ou en fromages divers. De ce fait même, la laiterie comprend trois études bien distinctes :

1° Le lait;

2° Le beurre;

3° Les fromages.

INSTRUMENTS DE LAITERIE

Un grand nombre d'ustensiles et d'appareils de laiterie étant décrits dans cet ouvrage, nous avons donné pour chacun d'eux le nom du fabricant, toutefois, pour éviter toutes recherches oiseuses à nos lecteurs, nous croyons utile de préciser davantage.

On trouvera la plupart des appareils décrits dans ce volume chez MM. Pitter, constructeur, à Paris; P. Gillain, constructeur, à Anvers, Van Heck, constructeur, à Gand.

TRAITÉ PRATIQUE
DE LA LAITERIE

PREMIÈRE PARTIE

LE LAIT

PRÉLIMINAIRES

Le lait est sécrété par des glandes spéciales, caractéristiques des animaux vertébrés dits *mammifères;* ce liquide sert à l'alimentation des jeunes. Le lait constitue en effet un aliment *complet,* c'est-à-dire qu'il renferme *tous* les principes utiles, indispensables à l'organisme (eau, caséine, albumine, sucre de lait, matières grasses, sels divers), de plus, il est très facilement digestible et n'impose pour ainsi dire aucun travail à l'estomac délicat des nouveau-nés.

Les mamelles, organes sécréteurs du lait, sont des masses glanduleuses, à peine apparentes dans le jeune âge. Elles ne se développent que lorsque les femelles sont aptes à la reproduction. C'est vers la fin de la gestation qu'elles prennent tout leur développement, pour n'entrer en pleine activité qu'après la mise bas. A l'état de nature, les mamelles tarissent dès que la période d'allaitement du jeune est terminée, mais la domestication prolonge leur fonctionnement qui, dans la pratique courante, va bien au delà, tout en diminuant toutefois d'intensité. C'est ce qu'on peut observer chez les vaches et les chèvres qui sont presque exclusivement exploitées pour leur lait.

Le nombre des mamelles et leur position présentent une grande variété, dans la classe des mammifères.

Chez les Cheiroptères et les Quadrumanes, elles sont au nombre de deux et placées, comme dans l'espèce humaine, sur les parties latérales et antérieures de la poitrine. Chez les éléphants il existe une seule paire de mamelles pectorales; chez la chienne il y en a cinq paires, il en est de même chez la lapine; la chatte en a quatre paires; chez la truie les mamelles varient entre cinq et sept paires; chez la vache il n'y a en réalité que deux mamelles, il en est de même chez la jument, l'ânesse, la brebis et la chèvre.

Les qualités et propriétés du lait varient nécessairement selon les animaux dont il provient. Elles varient encore chez un même animal suivant bon nombre de circonstances, telles que la race, l'âge, le régime, etc., dont nous aurons à dire un mot.

En Europe, l'homme ne consomme guère que le

lait provenant des vaches, des chèvres et des brebis, encore ce dernier n'est-il que fort rarement consommé en nature. Toutefois quelques peuplades des contrées septentrionales utilisent aussi le lait de rennes; le lait d'ânesse est quelquefois employé en médecine.

Quelques peuples nomades de l'Asie font un usage constant du lait de leurs juments; dans quelques districts de la Syrie, de la Perse et de l'Égypte, on consomme le lait du dromadaire et du chameau. Enfin, en Amérique, notamment dans l'Amérique du Sud, on utilise assez communément le lait de la vigogne et du lama.

CHAPITRE PREMIER

PRODUCTION DU LAIT

Physiologie de la sécrétion lactifère. — Chez la vache, que nous prendrons comme type des animaux destinés à fournir le lait pour l'alimentation de l'homme, on désigne sous le nom de *pis,* l'ensemble des mamelles et des trayons.

Les mamelles sont formées de deux moitiés placées longitudinalement; elles sont constituées par deux grosses glandes ovoïdes formées elles-mêmes de petites vésicules. Ces glandes sont enveloppées par du tissu conjonctif, qui constitue la capsule des glandes mammaires. De très petits canaux se détachent des vésicules glanduleuses pour se réunir en conduits lactifères, qui débouchent dans une petite ampoule située au-dessus du mamelon, où le lait s'accumule, ces ampoules constituent les *Citernes* ou *Sinus galactophores,* de là, le lait, par des conduits spéciaux entourés de sphincters, qui l'empêchent de s'écouler normalement, se rend aux trayons.

Les trayons, encore appelés *mamelons*, *trayons* ou *tétines,* généralement au nombre de quatre, se détachent de l'extrémité inférieure des glandes mammaires; ce sont des prolongements charnus percés chacun à leur extrémité de deux ou même trois petits orifices livrant passage au lait.

Le volume des trayons est en rapport avec celui

des mamelles, toutefois ils se développent d'autant plus qu'ils fonctionnent davantage, aussi sont-ils surtout volumineux chez les fortes laitières qu'on trait souvent.

On a remarqué que les deux trayons postérieurs fournissent plus de lait que les deux antérieurs.

Outre les quatre trayons attenant aux mamelles, (ce qui a fait dire à quelques auteurs qu'il y avait quatre mamelles), on remarque encore un ou deux trayons supplémentaires, situés postérieurement; ces mamelons surajoutés ne donnent généralement pas de lait [1].

Les mamelles sécrètent le lait. Ces glandes, dit M. Chauveau, subissent des modifications remarquables à l'âge de la puberté et à la fin de chaque grossesse. Ces modifications portent, non seulement sur leur volume, leur sécrétion, mais encore sur leur structure intime. En dehors de la grossesse, les culs-de-sac glandulaires sont revenus sur eux-mêmes, atrophiés en quelque sorte et munis seulement d'un épithelium polygonal. A la fin de la grossesse, les culs-de-sac anciens grandissent, quelques culs-de sac nouveaux se développent, et l'épithelium change de caractère. Celui-ci remplit les cavités glandulaires, devient sphérique et se charge de granulations graisseuses. La période de la lactation achevée, la mamelle reprend son premier caractère [2].

1. Chez une vache de l'École d'Agriculture de Grignon, M. A. Sanson, professeur de zootechmie à cette école, a eu l'occasion d'observer sept trayons, donnant tous du lait. Toutefois, il convient de faire observer que c'est là un fait exceptionnel.

2. A. Chauveau et Arloing. — *Traité d'anatomie comparée des animaux domestiques.*

Choix des vaches laitières. — On a prétendu qu'il existait deux catégories bien distinctes de races bovines; les races *laitières* et les races de *boucherie*. Cette manière d'envisager les choses n'est pas tout à fait exacte, car s'il est vrai que certaines races, telles que les normandes, les flamandes, les hollandaises, etc., ont la sécrétion mammaire plus active que d'autres, il n'en est pas moins vrai que toutes les bêtes bovines, à quelque race qu'elles appartiennent, doivent terminer leur existence à la boucherie, et c'est là d'ailleurs un caractère qu'il ne faut jamais perdre de vue. Cette division est donc tout à fait arbitraire.

Caractères d'une bonne vache laitière. — Les caractères qui font qu'une vache est bonne laitière, sont plutôt individuels que spécifiques.

Ce qu'on demandera à une vache laitière, ce sont : une tête légère, fine, les yeux bien ouverts, les oreilles fines, recouvertes intérieurement d'une matière grasse jaunâtre en abondance; des cornes minces, effilées et luisantes. On préférera, en outre, une encolure fine, les épaules obliques, plutôt maigres, une poitrine ample (contrairement à ce que prétendent quelques auteurs), l'échine droite, longue et flexible, un abdomen volumineux; les veines du ventre, ou veines lactées, qu'on observe sur la partie latérale et qui partent des mamelles, doivent être grosses, saillantes et variqueuses. Ces veines, fait observer M. Magne, sortent des mamelles en avant et par l'angle externe du pis, où elles forment un renflement plus ou moins marqué; elles s'avancent vers la partie antérieure du corps en décrivant des flexuosités diversement prononcées, se divisent souvent vers leur extrémité antérieure et s'enfonçent dans le corps par plusieurs ouvertures.

On donnera la préférence à une vache ayant des mamelles volumineuses, molles et flasques après la traite, élastiques lorsqu'elles sont pleines de lait; les trayons doivent être régulièrement disposés. Le pis doit être recouvert d'une peau fine, douce et cotonneuse. On évitera le *pis graisseux*, c'est-à-dire celui qui est naturellement résistant et presque aussi volumineux après qu'avant la traite.

L'*écusson* de la vache, c'est-à-dire la figure formée sur le périnée par les poils remontants, généralement doux et soyeux qu'on y observe, qui recouvrent la peau, cet écusson, disons-nous, devra être aussi ample que possible, quelle que soit d'ailleurs sa forme [1].

Causes qui influent sur la sécrétion du lait. — La plus ou moins grande proportion de lait que peut donner une vache dépend de plusieurs causes. Les principales sont :

1° La race;

2° L'individualité;

3° L'âge;

4° L'alimentation;

5° La gymnastique fonctionnelle.

1. Pour plus de détails, voyez : *Les Vaches laitières,* par Albert Larbalétrier. 1 vol. Bibliothèque d'utilité pratique. GARNIER frères, édit. Paris.

La Race. — On trouve de fortes laitières dans toutes les races, de même que les populations bovines réputées les plus fortes laitières présentent souvent des individus très faiblement doués sous ce rapport. D'ailleurs pour juger de l'aptitude laitière d'une race, *il convient de l'observer dans son pays d'origine,* particularité importante dont la haute portée n'échappera à personne. Cependant *il convient de faire remarquer* que quelques races ont une renommée particulière sous ce rapport. En première ligne on peut placer les *hollandaises,* qui donnent de 25 à 35 et même 40 litres de lait par jour, puis les vaches *flamandes* qui donnent de 20 à 25 et même 35 litres; les *normandes,* qui donnent, *en moyenne,* 22 litres par jour; les *schwitz,* qui donnent un rendement moyen de 12 litres, puis vient la race *bretonne,* donnant de 5 à 8 litres par jour; ensuite viennent les races *choletaise,* d'*Ayr, bressane, charolaise, mancelle,* etc., etc.

L'Individualité. — Nous avons indiqué dans un paragraphe spécial (Caractères d'une bonne vache laitière) les signes particuliers auxquels on reconnaîtra une bonne d'une mauvaise laitière, nous n'y reviendrons pas; toutefois il convient de faire remarquer que la couleur de la robe semble avoir une influence. Quoique la physiologie reste muette sur ce point, les praticiens s'accordent assez généralement à reconnaître que les bêtes à robe foncée (rouge-brun, marron, noir) sont plus lactifères que celles qui ont le pelage clair. Or, en faisant un rapprochement entre ce fait et celui des facultés actifères des diverses races, on trouverait peut-être l'explication.

L'Age. — La production du lait est en corrélation trop évidente avec l'âge, pour que cette influence puisse être mise en doute. Elle augmente depuis le premier *part* jusqu'au sixième, puis va en diminuant du septième au quatorzième. Toutefois, les jeunes vaches sont faibles laitières.

Dans la vache primipare, c'est-à-dire qui n'en est qu'à son premier veau, fait observer M. de Weckerlin, les organes sécréteurs du lait sont encore peu développés, et subissent moins la pleine influence de la traite. Ensuite, l'animal se trouve encore dans la croissance, qui absorbe une partie de la nourriture, de telle sorte que tout ne sert pas à la *fabrication* du lait. Après le second vêlage, alors que le développement du corps est plus parfait, tout s'accorde déjà mieux pour une sécrétion abondante du lait. Mais ce n'est habituellement qu'après le troisième veau, à l'âge de quatre ans et demi à cinq ans que la vache atteint sa plus grande aptitude laitière. Elle se maintient ainsi pendant plusieurs vêlages, et, vers l'âge de neuf ans, tantôt plus tôt, tantôt plus tard, elle diminue insensiblement jusque vers l'âge de onze à douze ans, où l'on ne peut plus que rarement compter avec certitude sur un rendement convenable en lait [1].

On voit, d'après ce qui précède, qu'une vache laitière, sauf quelques exceptions, ne doit guère être

1. M. de Weckerlin : *Traité des bêtes bovines.*

exploitée au delà de l'âge de sept ou huit ans; à ce moment il convient de s'en défaire.

En ce qui concerne les modifications subies par la composition du lait, jusqu'ici on ne sait rien de bien positif. On sait seulement que la richesse du lait en matières sèches (pendant une année entière et chez la même vache) est en raison inverse de la quantité de lait produite.

L'Alimentation. — La quantité et la qualité des aliments, ainsi que leur mode de distribution, ont une influence manifeste sur la lactation. Nous ne pouvons entrer ici dans tous les détails concernant l'alimentation des vaches laitières, toutefois, nous ferons observer que les limites à l'intérieur desquelles on peut fixer les rations sont les suivantes pour 1000 kilogrammes de poids vif :

Substances sèches, de. .	22	à	30,0 k.
Substances azotées, de.	2.05	à	3,1 k.
Subtances grasses. . .	0,75	à	1,0 k.
Substances extractives non azotées	12,06	à	1,5 k.

La nourriture des vaches laitières doit toujours contenir une quantité d'eau convenable, mais il faut la maintenir dans de justes limites. Voici à ce sujet l'opinion de M. Kühn : Une trop grande absorption d'eau rend le lait clair et cause un grand préjudice à la fabrication du beurre et du fromage; mais il ne faudrait pas oublier non plus qu'une absorption d'eau convenable, surtout d'eau contenue dans les fourrages, ou qui leur est mélangée intimement par suite de préparations appropriées, agit excellemment sur la transmutation des matières et principalement sur la production du lait. Si la quantité de fourrages secs à donner aux vaches est trop considérable, il convient de les soumettre au traitement à la vapeur, mais si l'alimentation est basée de préférence sur des fourrages sarclés, toute autre préparation qu'un coupage fait avec soin et que le mélange avec une suffisante quantité de balles et de fourrages bruts hachés, n'est pas nécessaire [1].

Gymnastique fonctionnelle. — Il n'est pas vrai, comme on l'a prétendu si souvent, que la stabulation permanente soit une bonne condition à remplir dans l'entretien des laitières. Un exercice modéré augmente la sécrétion du lait et surtout sa qualité. On peut remarquer que les vaches qui vont passer tous les jours quelques heures dans un pâturage peu éloigné, donnent en abondance un lait excellent, tandis que celles qui sont obligées de faire un long trajet sont peu productives. On peut donc conclure tout naturellement en faveur d'un exercice modéré.

Enfin la traite a une grande influence sur les rendements. Cette opération doit être faite avec douceur, une traite brutale indispose les vaches, qui, lassées, retiennent le dernier lait. (Ce qui est d'autant plus regrettable que c'est le plus riche.) Une traite bien faite ne doit nullement contrarier la bête, loin de là, elle doit lui procurer une sensation

1. Dr F. Kühn. *Traité de l'alimentation des bêtes bovines.*

agréable. Avant la traite, la personne chargée de cette pratique doit se laver les mains et laver le pis de la vache avec de l'eau légèrement tiède; ces précautions sont nécessaires, d'abord par le fait même de la propreté, ensuite parce que le lait est très sujet à s'altérer. Une malpropreté quelconque, une odeur même faible, qui serait sans action sur tout autre liquide, ne manquerait pas de corrompre le lait.

Le plus généralement on fait deux traites par jour, une à cinq heures du matin et une à cinq heures du soir. On a conseillé d'en faire trois, et nous sommes entièrement de cet avis, car, lorsque le pis est complètement rempli de lait, aucun lait nouveau ne peut s'élaborer avant qu'il ait été vidé. Aussi est-ce surtout pour les bonnes laitières que trois traites par jour sont à recommander.

Dans la traite, on conseille souvent de laisser couler à terre les premiers jets de lait; c'est là une excellente chose, car le premier lait est très aqueux et contient souvent des principes amers. D'ailleurs, la composition, c'est-à-dire la qualité du lait varie du commencement à la fin d'une traite.

D'après les recherches de Struckmann, Boedecker et Wicke, le lait du soir est plus riche en beurre que celui du matin et celui-ci l'est plus que celui de midi.

Ainsi Wicke a trouvé :

Lait du matin. .	46,07 p. 1000	de beurre.
Lait de midi . .	41,46	—
Lait du soir. . .	52,14	—

Il y a plus de beurre dans le lait livré à la fin d'une traite que dans celui qui provient du commencement; par contre, le sucre du lait tend à diminuer vers la fin de la traite.

Ce qu'il importe surtout de ne pas perdre de vue, c'est que toujours la traite doit être faite à fond, après l'opération il ne doit plus rester de lait dans la mamelle.

Durée de la lactation. — La lactation dure de 200 à 300 jours par an; chez les bonnes laitières elle se prolonge même au delà. D'après M. Heuzé, on peut établir cinq périodes dans la lactation.

Voici quelques *moyennes* données par cet auteur :

1°	Pendant les	60	premiers jours,	10	lit. de lait, soit	600 lit.
2°	—	90	jours qui suivent,	8	—	720
3°	—	60	—	6	—	360
4°	—	30	—	4	—	120
5°	—	40	—	3	—	120
		280 jours.				1.920 lit.

M. Pouriau admet comme *durée moyenne* de la période lactaire d'une vache le chiffre de 300 jours, avec un rendement de 6 litres et demi par jour; ce qui correspond à un total de 1,950 litres pour la période entière.

Dans le cas où le lait fourni pendant les 15 jours qui suivent le vêlage est consommé par le veau, il faut retrancher de ce total environ 100 litres, ce qui réduit la proportion annuelle à 1,850 litres.

Il est bien entendu que ces chiffres n'ont rien d'absolu, le rendement annuel d'une vache dépendant des diverses circonstances énumérées en tête de ce chapitre et pouvant s'élever jusqu'à 3,000 litres et au delà.

CHAPITRE II

PROPRIÉTÉS PHYSIQUES ET CHIMIQUES DU LAIT

Composition chimique. — Le lait est un liquide blanc à reflets plus ou moins bleuâtres, onctueux et gras; il est doué d'une légère odeur aromatique qui rappelle un tant soit peu l'animal dont il provient. Sa densité varie entre 1028 et 1035 (lait de vache). Quoique le lait soit connu et utilisé depuis fort longtemps, ce n'est qu'à partir du XVIe siècle qu'on a commencé à fournir quelques notions sur sa composition et ses propriétés.

Le lait de vache, d'après de nombreuses analyses faites par M. Doyère, à l'Institut agronomique de Versailles, renferme en moyenne :

Eau	87.60
Caséine	3.00
Albumine	1.20
Sucre	4.30
Beurre	3.20
Sels	0.70

La composition du lait variant avec diverses influences, le même auteur a cru pouvoir fixer les écarts dans les limites suivantes :

	MAXIMUM	MINIMUM
Eau.	82.67	91.91
Caséine	4.30	1.90
Albumine.	1.50	1.09
Sucre.	5.25	3.90
Beurre.	5.40	1.45

Propriétés physiques. — On sait que le lait affecte quelquefois une légère teinte bleuâtre ou rougeâtre, sans perdre toutefois son goût, ni aucune de ses qualités. Cette coloration lui serait communiquée par certaines plantes dont se nourrissent les vaches. D'après Filhol, Bremer et Joly, la prêle des prés, le sainfoin et l'orcanette produiraient la teinte bleue, qui se développerait sous l'influence de l'air. Quant à la teinte rouge, elle serait fournie par la garance et le safran. Si, après la traite, dit M. Maigne, on abandonne le lait à lui-même, il se sépare bientôt en deux couches parfaitement distinctes. La couche supérieure est onctueuse, opaque, plus ou moins épaisse et de couleur jaunâtre; c'est la crème. Elle est formée des gros globules de la matière grasse. La couche inférieure est un liquide d'un blanc mat ou plutôt d'un blanc bleuâtre, qui porte le nom de *lait écrémé*, qui renferme le reste de la matière grasse, la caséine, etc.

Si l'on chauffe le lait jusqu'à l'ébullition, il ne change pas d'aspect, seulement il mousse beaucoup. En outre, en s'évaporant, il se recouvre de pellicules membraneuses, qui adhèrent aux parois du vase, c'est ce qu'on nomme à tort la crème, en réalité c'est la *frangipane*. Elles semblent dues à de l'albumine coagulée, ou, suivant quelques auteurs, à une combinaison de caséum avec quelques-uns des sels du lait. Elles se reproduisent à mesure qu'on les enlève, et comme leur présence s'oppose au dégagement des vapeurs aqueuses, il en résulte le boursouflement de la masse, laquelle ne tarde pas *à monter*, comme on dit vulgairement, et tend à *se sauver*, c'est-à-dire à se répandre hors du vase.

Si l'on filtre le lait, on en sépare non seulement les globules gras, mais encore la matière caséeuse insoluble. Ces deux matières restent sur le filtre, et l'on obtient au-dessous un liquide clair et jaunâtre qui a reçu le nom de *sérum* ou *petit lait*. Ce liquide fait environ les neuf dixièmes du lait. On le considère comme de l'eau tenant en dissolution toutes les substances véritablement solubles du lait.

Éléments chimiques constitutifs du lait. — Nous avons indiqué les substances qui entrent dans la composition du lait, il nous faut dire un mot sur chacune d'elles.

Eau. — La quantité d'eau renfermée dans le lait est très variable. Voici quelques chiffres représentant des moyennes :

Chèvre.	87.7	p. 100
Vache.	86.5	—
Brebis.	82.0	—
Truie.	83.4	—

Toutefois, le lait le plus aqueux est celui de la femme, qui renferme près de 88 p. 100 d'eau.

La proportion varie encore pour une même espèce,

avec la race, l'âge et l'alimentation. Ainsi les vaches hollandaises donnent un lait beaucoup plus riche en eau que les vaches bretonnes, par exemple. Sous l'influence d'une nourriture fortement aqueuse le lait le devient en général d'autant plus. Enfin, le dernier lait sorti du pis de la vache est beaucoup moins riche en eau que le lait fourni au commencement de la traite.

Caséine. — La caséine ou caséum est une substance blanche, formée de carbone, d'oxygène, d'hydrogène et d'environ 16 p. 100 d'azote. C'est la caséine qui constitue la base de tous les fromages; obtenue en ajoutant de la présure au lait ou bien lorsque le lait s'aigrit, on lui donne encore le nom de *caillé.* On peut encore coaguler le lait, c'est-à-dire en séparer la caséine, en ajoutant au lait frais quelques gouttes d'un acide ou de fort vinaigre, à la température de 20 ou 25 degrés, la caséine se précipite alors en grumeaux entraînant une certaine proportion de matières grasses avec elle.

La caséine se trouve en proportions assez variables dans le lait des différents animaux; c'est le lait de brebis qui en renferme le plus, c'est pourquoi il est surtout employé pour la confection des fromages.

Voici quelques chiffres à ce sujet :

Brebis	6.1
Chèvre	3.7
Vache	3.6
Jument.	2.7
Anesse	1.7

D'après des recherches récentes, il résulte que la

caséine se trouve dans le lait, sous deux états : soluble et insoluble. Cette dernière paraît être une combinaison de caséine soluble avec les acides organiques et les sels minéraux du lait. C'est en grande partie la caséine qui constitue la frangipane, dont il a déjà été question.

Tout le monde sait que le lait abandonné à lui-même pendant vingt-quatre ou trente-six heures, dans un endroit frais, se sépare en deux couches. L'une, la supérieure, est blanche et onctueuse, elle constitue la crème ; l'autre, qui est beaucoup plus abondante, constitue le lait écrémé, c'est cette dernière qui renferme la caséine.

En effet, abandonné au repos, le lait écrémé se sépare en *caséum* ou caillé et en *sérum* ou *petit lait* qui contient du sucre de lait, de l'acide lactique et des substances minérales.

Quant à la crème, comme nous le verrons par la suite, par l'effet de l'agitation, elle se sépare en beurre (matières grasses) et en lait de beurre ou babeurre.

Lorsqu'on a séparé la caséine par les procédés usuels de la fabrication des fromages, fait remarquer M. E. Duclaux, il reste en solution, dans le sérum, une matière qui ne précipite pas par l'action de la chaleur seule, ce qui prouve que ce n'est pas de l'albumine, mais qu'on peut séparer par l'action combinée de la chaleur et des acides. Dans la fabrication du gruyère, on l'obtient par l'ébullition du petit lait additionné d'un peu de sérum aigri provenant d'une opération précédente. On la désigne sous le nom de *sérac* ou *sérai*.

Pour la préparer, on précipite d'abord le lait à froid par un acide pour éliminer la caséine, on sépare le sérum par filtration, et on le chauffe. Le sérai se précipite [1].

Albumine. — Les anciennes analyses ne font pas mention de l'albumine dans le lait; c'est en 1857 que Hoppe Seyler donna quelques explications précises en ce qui concerne cet élément. Plus tard, d'autres chimistes dosèrent ou crurent doser cette substance dans le lait des différents animaux domestiques, le lait de truie étant considéré comme le plus riche en albumine. Or, d'après M. Duclaux, à la suite de recherches fort minutieuses, qu'il serait trop long de développer ici, on se trouve conduit à admettre l'existence dans le lait de trois matières albuminoïdes différentes :

1° Une matière précipitant par la chaleur dans une liqueur neutre, et qu'on peut, à raison de ce fait, appeler albumine;

2° Une matière, la caséine, qui se précipite à chaud ou à froid sous l'action des acides. Rien ne nous autorise, en effet, dit le savant professeur de la Faculté des Sciences, à séparer la portion de caséine qui se précipite par la chaleur de celle qui se précipite à froid sous l'action des acides. Comme nous l'avons fait observer, il ne faut pas demander aux réactions des matières albuminoïdes le caractère des réactions les plus typiques de la chimie minérale.

1. E. Duclaux. — *Le Lait.* Études chimiques et microbiologiques.

3° Une matière qui ne précipite ni par la chaleur employée seule, ni par la chaleur et les acides. Ce sera l'*albuminose* de Bouchardat et Quévenne, la *lactoprotéine* de Millon et Commaille, la *protéine du petit lait* de Hammanten, les peptones de Kirchner : nous lui donnerons pour le moment son nom le plus connu, celui de lactoprotéine.

D'après M. Duclaux, l'albumine du lait, sa caséine et sa lactoprotéine ne sont qu'une seule et même chose : de la caséine à ses degrés divers de solution [1].

L'auteur cité, par des réactions chimiques indubitables, est arrivé à démontrer : que l'albumine du lait et sa lactoprotéine ne sont que de la caséine à l'état de solution plus ou moins parfaite dans l'eau.

Sucre de lait. — Le sucre de lait ou lactose, encore appelé lactine, communique au lait sa saveur sucrée. Il s'y trouve à l'état de dissolution.

En évaporant du lait à une douce température, le sucre de lait se dépose en masses cristallines formant des prismes droits à base rhombe. En Suisse, le petit lait qui provient de la fabrication du fromage de Gruyère, ainsi traité, donne de la lactose en abondance qui est employée en pharmacie.

La proportion de lactose contenue dans le lait varie avec les espèces animales; voici, à ce sujet, quelques moyennes provenant d'un grand nombre d'analyses :

1. E. Duclaux. — Op. cit.

Vache	5,3
Chèvre	4,0
Brebis	4,2
Jument	5,5
Anesse	5,7
Chienne.	8,0
Truie	0,5

C'est la lactose renfermée dans le lait qui peut, suivant les circonstances, éprouver plusieurs sortes de fermentations, telles que la fermentation lactique, butyrique et alcoolique.

Ainsi, en abandonnant du lait à lui-même pendant un certain temps, à une température voisine de 11 degrés, il devient le siège de la fermentation lactique, en vertu de laquelle le sucre de lait se transforme peu à peu en acide lactique qui ne tarde pas à coaguler la caséine du lait, tout comme le ferait la présure; on obtient alors trois couches distinctes : en haut, la *crème*, à la partie moyenne le *petit lait* ou *sérum*, enfin, à la partie inférieure, le *caillé* ou *caséum*. Si la température est plus élevée, 25 degrés par exemple, cette transformation est beaucoup plus rapide, le caséum se précipite avant que la crème ait eu le temps de monter, on dit alors que le lait *a tourné*.

La fermentation alcoolique de la lactose transforme celle-ci en alcool, mais pour que cette fermentation ait lieu, il faut que le lait ait subi un commencement de fermentation lactique. Cette réaction est utilisée dans la fabrication du *koumys*, boisson alcoolique que les Tartares préparent en faisant fermenter le lait de leur jument qui, ainsi que nous l'avons vu, est très riche en lactose.

Ce koumys est employé en médecine; en Russie, c'est le remède populaire contre la phthisie.

Depuis quelques années, on le prépare également en Suisse, dans le canton des Grisons, on opère alors sur du lait écrémé auquel on ajoute du sucre et de la levûre de bière pour provoquer une fermentation plus active.

M. Dumas pense que la lactose provient des matières sucrées et amylacées ou gommeuses qui entrent en si forte proportion dans la nourriture des herbivores.

Le sucre de lait, fait observer M. C. Husson, a une saveur peu sucrée, il est soluble dans l'eau, mais insoluble dans l'alcool; on l'emploie comme rafraîchissant; le plus souvent sa poudre, qui n'est pas hygrométrique, sert comme excipient.

Matières grasses. — Les matières grasses ou butyreuses du lait constituent le beurre. Il est formé de globules graisseux tenus en suspension dans le lait et qui donnent à celui-ci son aspect émulsif et son opacité.

Ces globules sont plus légers que le liquide qui les tient en suspension, aussi, lorsqu'on abandonne du lait à lui-même, la matière grasse ne tarde pas à monter à la partie supérieure, c'est elle qui communique à la crème la couleur jaune qu'on lui connaît.

En agitant cette crème, les globules graisseux se rassemblent et on obtient le beurre.

Les proportions de beurre varient avec le lait des divers animaux. D'une manière générale, c'est le lait de la chienne qui en renferme le plus.

Voici, à ce sujet, les moyennes obtenues à la suite d'un grand nombre d'analyses :

Lait de vache	4,05
— de chèvre	4,20
— de brebis	5,32
— de jument	2,50
— d'ânesse.	1,52
— de truie.	6,50
— de chienne.	9,70

Les globules butyreux sont diaphanes, lisses, isolés, glissant facilement les uns sur les autres, leur diamètre varie de 1/100e à 1/1,000^{e} de millimètre. D'après MM. Mandl, Raspail et Dumas, ces globules sont entourés d'une mince pellicule caséeuse qui se déchire lorsqu'on baratte la crème; au contraire, d'après MM. Quévenne, Donné, Simon, etc., ces globules seraient dépourvus d'enveloppes.

La composition chimique du beurre est fort complexe : il est formé principalement de margarine et d'oléo-butyrine renfermant un acide particulier, l'acide oléo-butyrique, résultant de la combinaison des acides oléiques et butyriques. On y trouve aussi, mais en bien moindre quantité, de la caprine, de la caproïne, de la butyrine et des traces d'acides caprique, caprylique, butyrique qui sont volatils et odorants.

Sels minéraux. — Les sels minéraux sont contenus en assez faibles proportions dans le lait; on les désigne quelquefois dans les comptes rendus d'analyses sous la rubrique *cendres*. C'est le lait de chienne qui en renferme le plus. Voici d'ailleurs quelques chiffres :

Lait de vache, cendres p. 100 :	de	0,30 à 0,90
— de chèvre	—	0,56
— de brebis	—	0,70
— de jument	—	0,50
— de truie	—	1,1
— de chienne	—	1,2 à 1,50

Les sels minéraux du lait sont, les uns solubles, tels que les chlorures de potassium et de sodium, le carbonate de soude, le lactate de soude, le phosphate de soude, etc.; les autres sont insolubles, tels sont les phosphates de fer, de magnésie et de chaux.

Les phosphates du lait ont une grande importance, car, jusqu'à l'époque du sevrage, ils concourent au développement du système osseux des jeunes animaux.

D'après Britiow, le lait de chèvre renferme normalement 0 gr. 10 de fer pour 100 de cendres.

Voici, d'après Schwentz, la composition des cendres provenant de 1,000 parties de lait de vache :

Phosphate de chaux.	1,805
— de magnésie	0,170
— de fer.	0,032
— de soude.	0,225
Chlorure de potassium	1,350
Soude.	0,115
Total :	3,697

Enfin, le lait renferme encore des gaz en proportion très faible, dont plus de la moitié, d'après Hoppe, serait de l'acide carbonique.

Colostrum. — Le lait fourni par un animal, aussitôt après le part, est appelé *colostrum;* il offre, dit M. Pouriau, des caractères bien tranchés comme aspect et composition. Le colostrum a une consistance visqueuse, une couleur jaunâtre et une saveur âcre; il contient moins d'eau et de sucre et beaucoup plus d'albumine que le lait normal. Le colostrum de la vache porte vulgairement le nom de *mouille*.

Ce lait exerce sur l'intestin du veau une action purgative très favorable; il doit lui être réservé pendant les dix ou quinze premiers jours qui suivent la naissance. Mais le colostrum ne convient nullement à l'usage culinaire, car il est alcalin, à odeur fade et *tourne* facilement sous l'influence de la chaleur.

Nous avons vu comment la composition du lait varie avec les diverses espèces animales, la nourriture distribuée à une même bête, son âge, son individualité, etc., etc.

Or, les travaux de MM. Chevallier et O. Henry montrent qu'un excès de fatigue peut déterminer une modification dans l'organisme de l'animal, qui tantôt fournit un lait plus aqueux et moins riche en parties solides, comme cela a lieu pour les ânesses, tantôt, au contraire, détermine une diminution dans les quantités de lait sécrété, qui devient alors plus riche en beurre et en parties solides.

Lait de vaches typhiques. — Dans quelques états pathologiques, fait observer M. Husson, le lait subit des modifications plus profondes encore, il peut renfermer du sang et du pus, et devient alors malsain.

J'ai eu à examiner, lors de l'invasion prussienne, le lait de vaches typhiques, et à rechercher quelle influence pourrait avoir sur la santé de l'enfant le lait provenant de vaches infectées ou se trouvant sous l'influence de cette terrible maladie.

Voici le résultat de ces recherches. Les glandes mammaires sont les organes qui donnent les premiers indices de la maladie. On la reconnaît à la sensibilité extrême de ces glandes ou par la diminution ou même la disparition du lait, mais avant tout par l'analyse chimique de ce liquide.

Ainsi, dans une écurie d'un des faubourgs de Toul, vingt-quatre bêtes à cornes sont atteintes du typhus et isolées ; les autres, paraissant très saines, sont placées dans une étable non infectée. J'ai pris du lait de ces dernières, que je désigne par la lettre A, puis le peu qu'on a pu retirer des autres, 200 gr. environ, laits B et C, et j'ai analysé chacun d'eux.

Lait B, provenant d'une bête typhique morte le lendemain. Le lait est épais, il a donné à l'analyse :

Beurre	14,93	Pour un litre de lait.
Sucre de lait . .	31,40	
Caséine	50,25	
Albumine . . .	20,60	
Sels	18,50	

Lait C, provenant d'une bête typhique morte

24 heures après l'extraction du lait. Pour un litre :

Beurre	16,96
Sucre de lait	33,90

Analyse du lait A, pour un litre, provenant d'une bête qui paraissait saine :

Beurre	18,00
Sucre de lait	35,00
Caséine	45,00
Albumine	4,00

Ces expériences permettent de poser les conclusions suivantes :

1° Dans la dernière période de la maladie, le lait ne peut servir d'aliment, même aux adultes, il renferme du pus et du sang.

2° Dans la première période, alors que le lait est encore à peu près normal, il peut être pris impunément par les adultes; cependant la vente doit en être interdite, parce que cet aliment pourrait être nuisible aux enfants en bas-âge, par suite des quantités considérables d'albumine et de caséine qu'il renferme, alors que les aliments comburants, sucre et beurre, sont diminués en proportion notable.

3° Dès que le typhus s'est déclaré dans une écurie, toutes les bêtes à cornes sont sous l'influence de l'épidémie, comme le prouve l'analyse chimique du lait. Fait malheureusement confirmé quelques jours après par la mort de toutes les bêtes[1].

1. C. Husson : *Le lait, la crème et le beurre*, 1 vol. 1878, p. 43.

Lait de vaches phtisiques. — Quant au lait des vaches phtisiques ou tuberculeuses, son usage peut être très dangereux. M. Villemin a, le premier, appelé l'attention sur ce grave sujet. Tout récemment encore, M. V. Galtier a entrepris des expériences dans ce sens, elles lui ont donné des résultats assez décisifs.

Il ressort de ces expériences que le lait de vaches phtisiques peut être virulent : il le devient notamment quand la mamelle est envahie par la tuberculisation. Cette maladie étant difficile à reconnaître dès son commencement sur l'organe mammaire, on doit considérer comme dangereux, non seulement le lait de toute vache reconnue phtisique, mais encore de celle soupçonnée de l'être. Dernièrement, M. Galtier obtenait la tuberculose sur le lapin avec le lait d'une vache phtisique saisie à l'abattoir et dont la mamelle était légèrement malade, alors que ni le sang, ni le suc des muscles de la même bête ne provoquèrent l'affection.

Les germes de tuberculose sont à redouter d'abord quand le lait des vaches phtisiques est utilisé cru et sans transformation pour l'alimentation de l'homme et des animaux, mais aussi quand il est employé à la fabrication des produits que l'industrie laitière en tire habituellement.

Il convient donc d'éloigner de la consommation le lait cru des vaches phtisiques ou suspectes, ainsi que les produits qu'on en retire, et de n'employer ce lait que pour l'alimentation des animaux, après l'avoir préalablement soumis à l'ébullition pour tirer les germes morbides qui peuvent le souiller.

La chimie a pu constater que le lait des vaches phtisiques est beaucoup plus riche en phosphates que le lait des vaches saines.

Analyse chimique du lait. — L'analyse complète du lait est une opération longue et délicate, mais il y a d'autres moyens pour s'assurer si un lait est de bonne qualité, c'est-à-dire riche en crème et en beurre, nous décrirons seulement les plus importants.

Les *lactomètres* ou pèse-lait, le plus souvent employés jusqu'ici, sont des instruments inexacts qui ne peuvent servir à reconnaître les qualités du lait. Ainsi, le lait écrémé augmente de densité, aussi pèse-t-il, au pèse-lait, plus que le poids normal du lait pur. Une addition d'eau rend à ce lait sa densité première, de sorte qu'un lait écrémé et additionné d'eau marque au pèse-lait : lait pur.

M. Quévenne a cherché à mettre le lactomètre à l'abri de ces causes d'erreurs; voici comment il y est parvenu et la description des instruments employés.

1° *Un lacto-densimètre* portant une échelle densimétrique, dont les indications correspondent au poids en grammes d'un litre du liquide qu'on essaie, moyennant toutefois que l'on ajoute 1,000 à chaque lecture : ainsi, un lait qui marquerait 25 au lacto-densimètre, pèserait 1,025 grammes le litre.

Chaque côté de la division du lacto-densimètre porte des indications différentes; en outre, l'une des échelles est teintée de jaune, l'autre de bleu. Ces échelles servent alternativement à peser : la première, le lait pur, et la seconde le même lait quand il a été écrémé.

2° Un *crémomètre* destiné à la mesure de la quantité de crème contenue dans le lait est composé d'un tube de verre gradué, de telle sorte que chaque division équivaut à un centième de sa capacité totale.

3° Un *thermomètre* à échelle centigrade faisant connaître la température du lait quand on le pèse. Supposons un échantillon de lait donné, et voyons comment nous pourrons reconnaître sa pureté ou son mélange : On verse du lait dans le crémomètre, on y plonge le lacto-densimètre; on note le degré indiqué par l'échelle jaune : Supposons que ce soit 29 degrés. Le degré indiqué par le lacto-densimètre étant connu, il faut le corriger des variations de température; car l'indication de l'instrument varie avec la température du liquide. Le lacto-densimètre est gradué à la température de 15° C; si le lait est plus chaud, les indications de l'instrument sont trop faibles, et, réciproquement, elles sont trop fortes quand la température est plus basse. Il faut donc plonger le thermomètre dans le lait et chercher dans le tableau ci-contre, portant le titre de lait non écrémé, le degré réel. L'usage de ce tableau est très

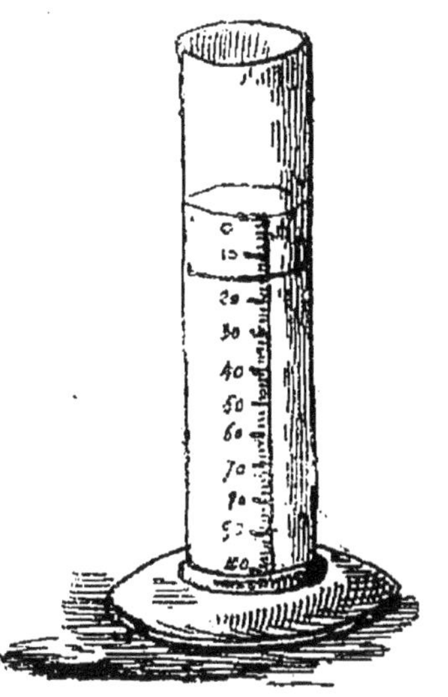

Fig. 1. — Crémomètre.

simple : on cherche d'abord, dans la première colonne verticale, le chiffre qui correspond à l'indication du lacto-densimètre, puis, dans la première colonne horizontale, celle du thermomètre; au croisement de ces lignes, on trouve le degré réel. Supposons que le thermomètre marque 10 degrés, nous voyons dans le tableau que les 29 degrés trouvés d'abord au lacto-densimètre se trouvent réduits à 28° 1 ; si nous regardons sur l'échelle jaune de l'instrument dans quelle accolade ces 28° 1 sont compris, nous voyons que c'est dans l'accolade 1/10: nous devons en conclure que le lait a été écrémé ou qu'il a été additionné de 1/10 d'eau.

Il nous reste maintenant à savoir si le lait a été écrémé ou s'il est pur. Pour cela on remplit le crémomètre jusqu'à la division 0, puis on met ce vase dans un endroit frais (caves à 11 ou 15 degrés) et on l'y laisse séjourner 24 heures. On regarde après ce délai, combien de degrés de crème sont montés à la surface du lait et se sont séparés du petit lait. D'après M. Quévenne, la quantité moyenne de crème qui se sépare du lait pur varie de 10 à 14 degrés du crémomètre. Il est évident qu'une foule de circonstances peuvent influer sur la quantité de crème qui s'élève à la surface du lait, nous citerons seulement les différences produites par l'état sanitaire de la vache, par sa nourriture, par le commencement ou la fin de la traite, etc., etc. Toutes ces circonstances peuvent faire varier le rendement de la crème depuis 7 degrés jusqu'à 21 degrés, mais ces limites extrêmes ne sont atteintes que dans des cas exceptionnels et on peut très bien admettre pour le lait qui se vend dans le commerce et qui se compose d'un grand nombre de traites réunies, la moyenne de 10 à 14 °/₀ donnée par M. Quévenne.

Cependant le lait qui a bouilli laisse monter une crème beaucoup plus dense mais moins volumineuse, tout en exigeant un repos beaucoup plus long. Il ne faut pas en conclure que le lait se soit appauvri, mais seulement que la crème s'est tassée davantage. Ainsi, un lait qui marquerait 11 degrés de crème, n'en donnerait plus que 6 après avoir bouilli, et encore il faudrait le laisser reposer au moins 48 heures. Voici d'ailleurs la moyenne des expériences faites par M. Quévenne sur les quantités de crème annoncées par le crémomètre dans les laits étendus dans différentes proportions :

	PUR	1/10	2/10	3/10	4/10	5/10
Lait frais.	12°	12°	11°	10°	9°	8°
Lait bouilli.	6°	6°	6°	5°	4° 1/2	4°

Ce dernier lait, non bouilli, avait fourni 11 degrés de crème. Si donc, après 24 heures de repos de l'échantillon que nous avons pesé précédemment, nous lisons sur le crémomètre 10 degrés, nous pouvons en conclure que le lait n'a pas été écrémé, mais qu'il a reçu une addition de 1/10 d'eau. Ces deux opérations que nous venons de décrire donnent une approximation suffisante, cependant il est des circonstances particulières où une plus grande précision est nécessaire, alors il faut recourir à une troisième opération : en même temps qu'on emplît le crémomètre pour le laisser reposer pendant 24 heures, on a soin de verser du même lait dans une tasse ou une petite terrine qu'on place à côté du crémomètre, et qu'on laisse, comme lui, reposer 24 heures. Quand on fait la lecture du crémomètre on le vide et on le remplit avec le lait de la tasse, après avoir eu soin toutefois d'enlever la crème avec une cuillère; c'est donc du lait écrémé qu'on va peser. On fait la lecture du lacto-densimètre, mais en ayant soin de lire sur l'échelle bleue (notée lait écrémé). Comme pour la première opération, on note la température du lait, et on cherche le degré réel dans le tableau du lait écrémé. Supposons que notre même échantillon pèse maintenant 29 à 25 degrés de température, le degré réel sera 31° 1, degré qui se trouve encore compris dans l'accolade 1/10e. Évidemment, notre lait a été allongé par 1/10e d'eau.

Voici un autre exemple : Un lait marque, au moment de sa réception, et après les corrections de température, 29° 1/2. Après 24 heures de repos, le crémomètre n'indique que 6 degrés de crème; le lait de la tasse pèse seulement 31 degrés. Si nous n'avions eu que les deux premières données, nous aurions pu supposer que le lait n'ayant fourni que 6 degrés de crème, a été simplement écrémé. Mais au lacto-densimètre, son degré est celui du lait pur; il y a contradiction, et il faut qu'on y ait ajouté de l'eau pour compenser l'action de la crème, qui par sa disparition, a dû rendre le lait plus lourd. En effet, en pesant le lait écrémé, nous trouvons 31 degrés ce qui correspond à une addition de 1/10e d'eau. En résumé, ce lait a été privé de la moitié de sa crème et a été additionné de 1/10e d'eau.

DEGRÉS DU LACTO-DENSIMÈTRE

TEMPÉRATURE DU LAIT *écrémé*

	De 0 à 2	3 à 5	6 à 8	9 à 11	12 à 14	16 à 18	19 à 21	22 à 24	25 à 27	28 à 30
18	17.2	17.2	17.3	17.5	17.8	18.2	18.8	19.3	19.9	20.5
19	18.2	18.2	18.3	18.5	18.8	19.2	19.8	20.3	20.9	21.5
20	19.2	19.2	19.3	19.5	19.8	20.2	20.8	21.3	21.9	22.5
21	20.2	20.2	20.3	20.5	20.8	21.2	21.8	21.3	22.9	23.5
22	21.2	21.2	21.3	21.5	21.8	22.2	22.8	23.3	23.9	24.5
23	22.0	22.1	22.3	22.5	22.8	23.2	23.8	24.3	24.9	25.5
24	22.9	23.0	23.2	23.4	23.7	24.2	24.8	25.3	25.9	26.5
25	23.8	23.9	24.1	24.3	24.6	25.2	25.8	26.3	26.9	27.5
26	24.8	24.9	25.1	25.3	25.6	26.3	26.9	27.4	28.0	28.6
27	25.8	25.9	26.1	26.3	26.6	27.3	27.9	28.5	29.1	29.7
28	26.8	26.9	27.1	27.3	27.6	28.3	28.9	29.5	30.1	30.7
29	27.8	27.9	28.1	28.2	28.6	29.3	29.9	30.5	31.4	31.7
30	28.7	28.8	29.0	29.2	29.6	30.3	30.9	31.6	32.1	32.7
31	29.7	29.8	30.0	30.2	30.6	31.4	32.0	32.6	33.2	33.9
32	30.7	30.8	31.0	31.2	31.6	32.4	33.0	33.6	34.3	35.0
33	31.7	31.8	32.0	32.2	32.6	33.4	34.0	34.6	35.4	36.1
34	32.6	32.8	33.0	33.2	33.6	34.4	35.0	35.6	36.4	37.2
35	33.5	33.7	33.9	34.1	34.6	35.4	36.0	36.6	37.4	38.3
36	34.4	34.7	34.9	35.1	35.6	36.4	37.1	37.7	38.5	39.4
37	35.4	35.7	35.9	36.1	36.6	37.4	38.2	38.8	39.6	40.5
38	36.3	36,6	36.9	37.1	37.6	38.4	39.2	39.9	40.7	41.6

DEGRÉS DU LACTO-DENSIMÈTRE

Température du lait *non écrémé*

	De 0 à 2	3 à 5	6 à 8	9 à 11	12 à 14	16 à 18	19 à 21	22 à 24	25 à 27	28 à 30
14	12.9	13.0	13.1	13.4	13.7	14.2	14.8	15.4	16.0	16.0
15	13.9	14.0	14.1	14.4	14.7	15.2	15.8	16.4	17.0	17.0
16	14.9	15.0	15.1	15.4	15.7	16.3	16.9	17.5	18.1	18.7
17	15.9	16.0	16.1	16.4	16.7	17.3	17.9	18.5	19.1	19.7
18	16.9	17.0	17.1	17.4	17.7	18.3	18.9	19.5	20.1	20.7
19	17.8	17.9	18.1	18.4	18.7	19.3	19.9	20.5	21.1	21.7
20	18.7	18.8	19.0	19.3	19.6	20.3	20.9	21.5	22.1	22.7
21	19.6	19.7	20.0	20.3	20.6	21.4	22.0	22.6	23.2	23.[illegible]
22	20.6	20.7	21.0	21.3	21.6	22.4	23.0	23.6	24.3	24.[illegible]
23	21.5	21.7	22.0	22.3	22.6	23.4	24.0	24.6	25.3	26.0
24	22.4	22.7	23.0	23.3	23.6	24.4	25.0	25.6	26.3	27.0
25	23.3	23.6	23.9	24.2	24.6	25.4	26.0	26.6	27.3	28.0
26	24.3	24.6	24.9	25.2	25.6	26.4	27.1	27.7	28.4	29.[illegible]
27	25.3	25.6	25.9	26.2	26.6	27.4	28.2	28.8	29.5	30.[illegible]
28	26.2	26.5	26.8	27.1	27.6	28.4	29.2	29.9	30.6	31.[illegible]
29	27.1	27.4	27.7	28.1	28.6	29.4	30.2	30.9	31.7	32.[illegible]
30	28.0	28.3	28.6	29.0	29.6	30.4	31.2	31.9	32.7	33.[illegible]
31	28.9	29.2	29.6	30.0	30.6	31.4	32.3	33.0	33.8	34.[illegible]
32	29.8	30.1	30.5	31.0	31.6	32.4	33.3	34.1	34.9	35.[illegible]
33	30.7	31.0	31.4	32.0	32.6	33.4	34.3	35.1	36.0	36.[illegible]
34	31.6	31.9	32.3	32.9	33.5	34.4	35.3	36.2	37.1	38.[illegible]

M. Marchand a proposé, pour apprécier la qualité d'un lait, de doser le beurre qu'il renferme, l'instrument dont il se sert est le lacto-butyromètre. C'est un tube de verre fermé par un bout et divisé en trois parties. Sur la première est écrit le mot *lait*, sur la deuxième le mot *éther*, sur la troisième le mot *alcool*. Un curseur gradué glisse le long du tube; celui-ci est contenu dans un étui en fer blanc dont la base est soudée en centre d'une cuvette. Cet étui est destiné à servir de bain-marie.

On verse le lait à essayer dans le tube jusqu'au premier trait, en y ajoutant deux gouttes d'une solution de soude caustique (lessive des savonniers) pour prévenir la coagulation du caséum pendant l'opération. Par dessus le lait, on verse de l'éther sulfurique ordinaire jusqu'au second trait, on ferme le tube avec le doigt et l'on agite. L'éther dissout la matière grasse sans rien prendre des autres principes du lait. On achève de remplir jusqu'à la troisième division avec de l'alcool à 90 degrés qui précipite le beurre sous forme de globules. On verse de l'eau dans l'étui en fer blanc, on y plonge le tube, on allume de l'esprit-de-vin dans la cuvette et on laisse brûler jusqu'à ce que la température atteigne 40 degrés environ, on laisse quelque temps le tube dans l'eau, afin de permettre à la couche huileuse de se former, puis on le retire et, au moyen du curseur gradué, on mesure l'épaisseur de cette couche.

L'éther, après son mélange avec l'alcool, retient encore en dissolution une certaine quantité de beurre. D'après M. Marchand, cette quantité est constante et égale à 12 gr. 6 par litre de lait; c'est pourquoi la première division du curseur, au lieu d'être marquée zéro, porte le chiffre 12 gr. 6 et correspond aux 12 gr. 6 de beurre restés en dissolution. Il résulte de ce fait que tout échantillon de lait contenant moins de 12 gr. 6 de beurre par litre, ne donne pas de couche huileuse au lacto-butyromètre.

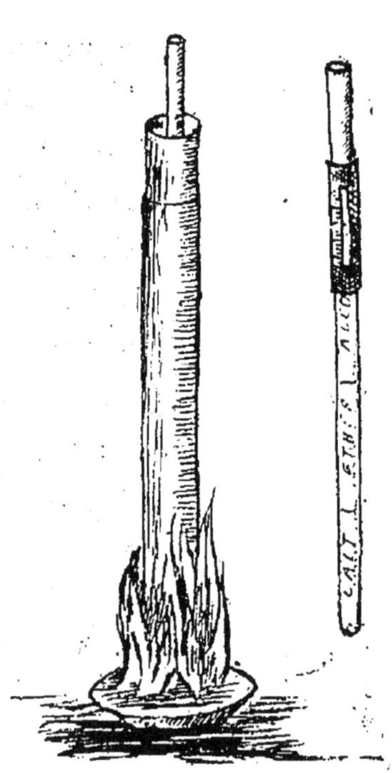

Fig. 2. — Lacto-butyromètre.

Cette particularité serait un obstacle à l'emploi de l'instrument pour l'analyse des laits pauvres, mais il est possible d'y remédier en remplaçant, dans ce cas, l'éther ordinaire par de l'éther contenant une proportion connue de beurre, on retranchera cette proportion du nombre que l'on aura et l'on aura la véritable richesse butyreuse. On détermine aisément le titre de l'éther qui sert dans ce cas, en le mélangeant, dans le lacto-butyromètre, avec des volumes égaux d'alcool et de sirop de gomme (ayant une densité de 1025 à 1035) alcalisés par une ou deux gouttes de soude caustique.

D'après les nombreuses expériences de MM. Quévenne, A. Chevallier, O. Henry et Marchand, un litre de lait de bonne qualité renferme 30 à 33 grammes de beurre. On doit rejeter comme falsifié, soit par addition d'eau, soit par ablation de crème, tout lait qui ne marque pas au moins 30 degrés au lacto-butyromètre.

Les deux procédés précédents constituent des *essais* plutôt que des procédés analytiques vraiment rigoureux.

L'analyse chimique complète du lait est une opération assez délicate, voici toutefois la manière d'y procéder :

1° Pour doser l'extrait sec : Dans des capsules de platine, de forme cylindrique et à fond plat, de 2 centimètres de hauteur et 7 de diamètre, on introduit 10 centilitres de lait rendu homogène par l'agitation, et on évapore pendant 7 heures dans une étuve à air dont la température est maintenue à 95 degrés par un régulateur. On laisse refroidir sous un exciccateur et on pèse.

L'extrait sec étant pesé, la capsule est portée dans un moufle chauffé au petit rouge; après incinération complète, on pèse le résidu, on a ainsi les cendres. Pour avoir le beurre et la caséine, on dilue 20 centilitres de lait à 100 centilitres, on coagule par quelques gouttes d'acide acétique, on laisse déposer, puis on filtre sur un filtre taré, et on lave le précipité en réunissant les eaux de lavage au liquide filtré.

Le filtre est alors séché et son contenu traité par l'éther chaud dans un appareil à déplacement que l'on relie à un réfrigérant ascendant pour condenser les vapeurs d'éther. On évapore l'éther, on dessèche, et on pèse le beurre restant. Le filtre et son contenu sont séchés à 100 degrés et pesés; on incinère et on obtient le poids des sels insolubles; la différence entre ce poids et celui du filtre plein et vide donne la caséine.

Pour doser la lactose, le liquide filtré provenant du dosage précédent est soumis à l'ébullition pour coaguler l'albumine; on filtre, on lave l'albumine qui est séchée et pesée et on complète 200 centilitres de liquide dans lequel on dose le sucre par la liqueur de Fehling. On peut aussi employer la liqueur cupropotanique de Poggiale, qui se compose de :

Sulfate de cuivre. . . .	10	grammes.
Crème de tartre	10	—
Potasse caustique. . . .	30	—
Eau distillée	200	—

20 centilitres de cette liqueur correspondent à 0 gr. 20 de lactose[1].

1. *Agenda du chimiste*, p. 398. 1 vol. 1887.

CHAPITRE III

FALSIFICATIONS ET ALTÉRATIONS DU LAIT

Altérations du lait. — Les altérations du lait sont multiples et variées, on peut les classer en deux grands groupes :

1° Les altérations spontanées;

2° Les altérations provoquées, ou falsifications.

Les premières comprennent elles-mêmes :

A. Les altérations qui se produisent dans le pis.

B. Les altérations qui se produisent après la traite.

Occupons-nous d'abord des premières :

A. Toutes les maladies dont peuvent être atteintes les vaches laitières exercent une influence pernicieuse sur la sécrétion lactée.

Les maladies constitutionnelles, telles que la tuberculose, la péripneumonie, le typhus, le charbon, etc., rendent le lait malsain et, comme nous l'avons constaté dans le chapitre précédent, souvent dangereux.

Pour remédier à tous ces inconvénients, il n'est qu'un moyen : c'est de guérir la maladie, si la vache n'est pas tarie.

Les maladies des mamelles ont aussi leur influence.

Les affections externes, pustules, crevasses, etc., n'agissent que rarement sur la *qualité* du lait, à moins qu'il y ait suppurations, hémorrhagies, etc.

Quant aux maladies internes, elles proviennent généralement du séjour trop prolongé du lait dans les mamelles; dans ce cas, le lait se décompose dans le pis, devient granuleux, épais, et détermine de graves inflammations. Les maladies internes peuvent encore être occasionnées par des courants d'air, des contusions, etc.; c'est le cas le plus général, car il est bien rare qu'elles se déclarent spontanément.

B. En ce qui a trait aux altérations du lait qui se produisent après la traite, elles sont fort nombreuses. Nous ne parlerons que des principales :

Lait aigre. — Le lait s'altère au contact de l'air avec une très grande facilité; nous verrons, dans le chapitre suivant, comment on peut retarder ou empêcher cette altération.

La malpropreté suffit pour faire tourner le lait à l'aigre. Les temps orageux, fait remarquer M. Maigne, déterminent aussi cette altération. On croit encore que les aliments acides, les digestions pénibles et l'action prolongée d'un soleil ardent sur les vaches produisent le même effet. Souvent l'acétification accompagne la viscosité.

Lait visqueux. — La viscosité se manifeste surtout après le refroidissement. Le lait devient alors épais, gluant, d'une saveur fade et désagréable. Il donne peu de crème et se convertit difficilement en beurre. En outre, quand on le verse d'un vase dans un autre, il adhère aux parois du premier et a de la peine à s'en détacher.

Lait jaune. — Le lait jaunit quelquefois peu d'heures après la traite; cette coloration est due à un infusoire microscopique appelé *vibrio xanthogenus*. Le lait jaune n'est pas très fréquent; il doit être traité par les mêmes procédés que ceux qu'on fait subir au *lait bleu,* dont nous allons parler et qui est autrement commun.

Lait bleu. — Quelquefois, sans cause apparente et inopinément, on remarque sur le lait de certaines vaches, environ deux ou trois heures après la traite, de petites taches bleues qui ne tardent pas à s'étendre; au bout de quelques instants toute la masse est colorée en bleu.

M. J. Reiset, correspondant de l'Académie des sciences, a particulièrement étudié cette altération.

La moisissure bleue, à la surface de la crème, dit-il, se présente sous les formes et les aspects les plus variés; souvent une bande bleue frangée de 0^m010 à 0^m020 de largeur se développe en cercle contre les parois du vase; quelques taches isolées peuvent se trouver vers le centre; plus souvent encore, après 40 ou 60 heures de séjour à l'air, l'aspect de la crème serait assez bien figuré par la coupe d'un savon de Marseille fortement veiné de bleu, car la coloration bleue est aussi intense que celle de l'indigo ou du bleu de Prusse; parfois la crème apparaît comme saupoudrée avec une poussière d'indigo à grains de grosseurs diverses. Dans certains cas les points bleus restent sans développement; parfois, au contraire, ces points se développent rapidement, de proche en proche, ils deviennent confluents; en quelques heures l'envahissement est complet, et la pellicule bleue recouvre alors toute la surface.

J'ai constaté que la pellicule bleue, mycodermique, pouvait facilement se reproduire par voie d'ensemencement.

M. Reiset a également donné le remède :

Voici le procédé qui a donné les meilleurs résultats :

J'ajoutais, dit-il[1], au lait, au moment même où il était coulé dans les terrines, après la traite, une proportion bien déterminée d'acide acétique préparé au centième. Pour 10 litres de lait on employait 500 centimètres cubes de cet acide soit : 0 gr. 500 d'acide acétique cristallisable par litre de lait. Cette proportion d'acide ne caille pas ordinairement le lait ; la *montée* de la matière grasse paraît même particulièrement facilitée, et le beurre obtenu conserve tout son arome. Sous l'influence du traitement acide, la moisissure bleue a disparu comme par enchantement, tandis que le lait non soumis au traitement et conservé pour un examen comparatif, continuait à présenter des taches bleues sur la crème. L'expérience paraît concluante. Donc, pour conjurer la maladie du lait bleu :

1° Exiger que tous les vases qui doivent contenir du lait à écrémer soient plongés, pendant cinq minutes au moins, dans l'eau *bouillante ;* défendre l'emploi de brosses ou linges dont la propreté est presque toujours douteuse.

2° En cas d'invasion grave et persistante, traiter

1. *Journal de l'Agriculture* de M. J.-A. Barral, 1883, t. I, p. 493. *Observations sur le lait bleu :* 1re partie, par M. Reiset.

le lait par l'acide acétique au centième, en employant la dose de 0 gr. 500 d'acide cristallisable par litre de lait.

Falsifications du lait. — Les falsifications les plus communes [1] sont le mouillage et l'écrémage qui sont plutôt des fraudes. Quant aux falsifications proprement dites, c'est-à-dire l'addition des matières étrangères au lait, elles ne sont pas aussi fréquentes qu'on a bien voulu le dire, car ainsi que le fait si judicieusement observer M. Maigne : pour procurer un avantage aux fraudeurs, il faut que ces substances présentent un ensemble de conditions peu aisé à réunir, comme, par exemple : 1° d'être à bas prix ; 2° d'être insipides ou inodores ; 3° de ne pas faire tourner le lait pendant l'ébullition ; 4° d'augmenter notablement la densité du lait en s'y dissolvant.

D'ailleurs, la plupart des substances étrangères ajoutées au lait peuvent être reconnues sans trop de peine par toute personne soigneuse.

La farine, la fécule, l'amidon et les autres substances analogues brûlent facilement au fond des vases où l'on fait bouillir le lait. Toutefois, il ne faut pas toujours se fier à ce caractère, parce qu'il peut être présenté par le lait naturel qui commence à s'altérer. Il vaut mieux s'en rapporter à l'essai par la teinture d'iode. Quelques gouttes de cette liqueur versées dans le lait préalablement bouilli lui communiqueraient une teinte bleue d'autant plus foncée que la matière ajoutée est en plus grande quantité.

1. Nous avons donné au chapitre II : ANALYSE CHIMIQUE DU LAIT, *les moyens de les mettre en évidence.*

Les décoctions de riz, d'orge et de son se décèlent également au moyen de la teinture d'iode, et cela se conçoit, puisqu'elles renferment de l'amidon et que, par conséquent, elles l'introduisent dans le lait. Les matières oléagineuses, ayant la propriété d'accélérer l'altération du lait, il est peu probable qu'on y ait eu souvent recours. Si l'on avait quelque raison d'en soupçonner la présence, on pourrait s'en assurer en extrayant une partie du caséum du lait suspect, puis le plaçant sur une feuille de papier et l'abandonnant à lui-même pendant un ou deux jours. Au bout de ce temps, si la fraude avait été commise, l'huile de l'émulsion abandonnerait son caséum et se répandrait sur le papier; dans le cas contraire, il ne se produirait aucune tache[1].

On recherche l'acide salicylique dans le petit lait, en l'agitant avec de l'acide sulfurique dilué et de l'éther, puis essayant par le perchlorure de fer qui donne une coloration violette caractéristique.

On reconnaît le borax en mettant les cendres du lait additionnées d'un peu d'acide sulfurique, dans de l'alcool, celui-ci brûle alors avec une flamme verte.

La dextrine ajoutée au lait peut se reconnaître en précipitant le caséum par l'acide acétique, puis le sérum filtré par l'alcool, et en traitant le précipité par un peu d'eau qui dissout la dextrine, dont la présence est manifestée par la teinture d'iode, avec laquelle elle prend une couleur rouge vineux, lilas,

1. *Nouveau manuel complet de la laiterie,* par Maigne. 1 vol. 1885.

bleu violacé, suivant la nature et la quantité de dextrine employée. L'addition du sucre de canne ou de glucose, fait remarquer M. Husson, se reconnaîtra par l'action de la levure de bière qui, à une température de 25 à 30 degrés détermine rapidement la fermentation alcoolique, tandis que le sucre de lait ne fermente ni aussi rapidement, ni d'une manière aussi franche.

L'albumine se reconnaît par la coagulation sous l'influence de la chaleur.

La gélatine et l'ichtyocolle signalées par M. Morin dans du lait vendu à Rouen, se retrouvent dans le sérum à l'aide d'une infusion de noix de galle. Si le lait a été traité par des matières colorantes, on le remarque facilement en le faisant cailler et égoutter sur toile.

Le sérum liquide que l'on obtient renferme la matière colorante, et sa nuance jaune décèle la fraude (Payen).

Enfin, on a signalé une dernière falsification qui doit être très rare, consistant à ajouter des émulsions de cervelle. Pour mettre cette fraude en évidence, on peut se servir du microscope qui montre les débris de membrane avec des vaisseaux sanguins. Il est préférable d'analyser le résidu de l'évaporation à siccité par l'éther, qui dissout le beurre et la graisse cérébrale. Or, celle-ci renferme du soufre et du phosphore, et, par conséquent, en évaporant l'éther et en traitant le résidu, soit par l'acide nitrique, soit par le nitrate de potasse, on obtiendra des acides, des sulfates et des phosphates qu'il est facile de décéler à l'aide du chlorure de baryum qui donne avec les sulfates un sulfate de baryte insoluble, ou bien avec du sulfate de magnésie ammoniacale qui donne avec les phosphates un précipité de phosphate ammoniaco-magnésien.

CHAPITRE IV

CONSERVATION ET TRANSPORT DU LAIT

Installation d'une laiterie. — La *laiterie* est le local où l'on transporte, où on centralise le lait après la traite et où on lui fait subir les traitements divers ayant pour but sa conservation et son transport. On réserve plus spécialement le nom de *beurrerie* et de *fromagerie* à des locaux qui accompagnent le plus souvent la laiterie proprement dite et où le lait est transformé en beurre ou en fromages.

Nous ne nous occuperons ici que de la laiterie proprement dite.

Elle doit être établie dans un endroit sec, bien aéré, à proximité de l'habitation, mais à l'abri des trépidations causées par le passage des voitures ou une force motrice quelconque. Autant que possible, elle sera exposé au nord et au midi. Il est important qu'elle soit éloignée des fumiers, fosses à purin, cuisines, etc., qui laissent dégager des odeurs fort préjudiciables à la conservation du lait. Enfin elle doit être abritée contre les vents froids et violents et contre les rayons trop ardents du soleil en été ; en toute saison sa température doit être voisine de 10 à 12 degrés, aussi les laiteries sont-elles souvent installées dans un lieu légèrement souterrain et voûté.

Le lait ne devant séjourner que peu de temps dans la laiterie, du matin au soir par exemple, le local, dit M. Pouriau, ne comporte pas en général de grandes dimensions, et sa construction en est simple.

La laiterie proprement dite est précédée d'une autre pièce plus petite, *la laverie*, qui sert de vestibule à la première et qui renferme :

1° Un fourneau et sa chaudière pour chauffer l'eau nécessaire au lavage des divers récipients et ustensiles ;

2° Un grand réservoir à eau froide, pour rincer lesdits ustensiles, préalablement lavés à l'eau chaude.

3° Un *évier*, indispensable pour achever le nettoyage et le rinçage.

4° Des crochets, des égouttoirs, des arbres à seaux etc., pour faire sécher lesdits objets.

La laverie offre l'avantage de préserver la laiterie contre les ardeurs du soleil en été ; mais pour empêcher la chaleur du fourneau, renfermé dans le vestibule, de nuire au lait, on doit avoir soin, quand les dimensions du local le permettent, de séparer la laverie de la laiterie par une double porte et même par un petit corridor transversal.

En hiver, au contraire, si la température extérieure devient extrême, on peut réchauffer l'intérieur de la laiterie en laissant ouverte cette double porte de communication pendant que le fourneau de la chaudière est allumé.

Le sol d'une laiterie doit être tout à fait imperméable ; on le fait souvent en dalles de pierre posées sur ciment et bien jointoyées ; d'autres fois, c'est un carrelage en briques sur le même enduit, ou bien encore on établit sur une couche de pierres cassées préalablement damée, une couche de béton hydraulique de 12 à 15 centimètres, que l'on recouvre ensuite de quelques centimètres de mortier, et en dernier lieu d'un bon enduit de ciment hydraulique.

Les murs (et le plafond s'il y a lieu) doivent être soigneusement crépis et enduits d'une sorte de lait

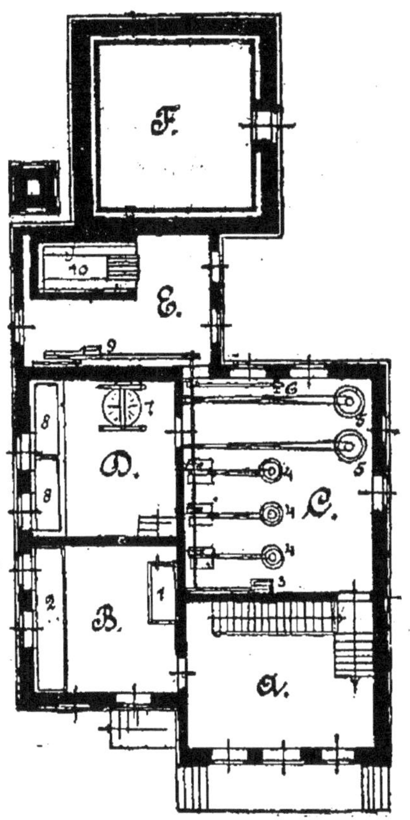

Fig. 3. — Plan d'une laiterie.

de chaux ou de craie broyée avec du petit lait au lieu d'eau, ce produit offrant le précieux avantage de ne pas s'écailler.

Dans certaines laiteries, continue M. Pouriau, on revêt les murs de ciment romain jusqu'à une hauteur de 1 mètre ou 1 m. 50 ; ailleurs, on emploie les dalles en pierre ou en marbre quand ces matériaux sont à bas prix dans la localité.

Les laiteries de ce genre sont rarement voûtées; pour maintenir l'uniformité de température si nécessaire, le plafonnage doit toujours être épais ou creux.

L'eau étant d'un usage constant dans une laiterie, on doit y établir le réservoir de préférence à l'intérieur, afin de se mettre à l'abri de la gelée en hiver. Dans ces conditions, un système de conduits et de robinets intérieurs offre de grands avantages, tant sous le rapport de l'économie du temps que de la facilité avec laquelle on peut alimenter d'eau la chaudière de la laverie et rafraîchir le lait jusqu'au moment de son expédition.

Toutes les eaux qui ont traversé la galerie doivent trouver un écoulement rapide et facile au dehors; il convient donc de donner au sol une pente convenable et d'y ménager les rigoles nécessaires. A leur sortie de la laiterie, les conduits de déversement doivent être fermés extérieurement par un grillage en fil de fer assez serré et assez résistant pour que, tout en permettant la sortie des liquides et des impuretés, il puisse s'opposer à l'entrée de tout animal nuisible.

Quand la laiterie est en contre-bas du sol, le plus simple est de faire écouler les eaux dans un puits creusé à l'extérieur; on enlève ensuite l'excédent de liquide avec une petite pompe, si l'absorption naturelle est insuffisante.

La porte d'une laiterie doit posséder à la partie supérieure une ouverture assez large que l'on ferme en hiver par un petit volet, et qui est garnie intérieurement d'un châssis sur lequel est cloué une toile métallique assez serrée pour empêcher l'entrée des mouches et des autres insectes.

Les fenêtres peuvent être fermées en hiver par des croisées vitrées ou des volets ; en été, par des châssis également couverts d'une toile métallique ; le tout doit clore parfaitement.

Les murs et le milieu de la laiterie doivent être garnis de *dressoirs*, sur lesquels on place les vases qui contiennent le lait. Ces dressoirs peuvent être en chêne, en pierres dures à grain fin, telles que celles dites de *liais*, en briques recouvertes de ciment, en ardoise, en carreaux de faïence ou même en marbre, suivant les moyens du propriétaire ou les ressources de la localité.

Ces tablettes, posées à 50 ou 60 centimètres au-dessus du sol, sont soutenues par des supports en pierres de taille ou en briques à joints refaits en ciment et de 11 centimètres d'épaisseur.

Les dressoirs adossés au mur ont la largeur nécessaire pour recevoir un seul rang de vases à lait ; les dressoirs du milieu peuvent contenir deux rangées. Enfin, si, comme nous l'avons dit plus haut, on dispose d'une circulation constante d'eau froide dans la laiterie, il devient alors très avantageux d'établir, sous le dressoir du milieu, une auge rectangulaire en maçonnerie hydraulique avec un enduit intérieur en ciment romain de 20 à 25 centimètres de profondeur, enfouie plus ou moins dans le sol et dans laquelle coule à volonté de l'eau froide.

On plonge dans ces auges les seaux renfermant le lait à mesure qu'ils arrivent de la laiterie, ainsi que les vases contenant le lait destiné à être expédié au dehors.

On comprend que, selon l'importance de la vente du lait en nature, on pourra également placer des auges semblables sous les dressoirs qui longent les murs de la laiterie[1].

Enfin il est une autre condition à remplir, et celle-là est de la plus haute importance : la propreté la plus rigoureuse doit régner constamment dans la laiterie.

Aucun vase, aucun ustensile ne doit servir deux fois de suite sans avoir été nettoyé à l'eau bouillante, puis rincé dans l'eau froide, essuyé et séché.

Ustensiles de laiterie. — Les principaux ustensiles de la laiterie sont : les seaux à traire, les vases pour recevoir le lait de la traite, les instruments de coulage, les instruments de mesure et de pesée.

Les seaux à traire sont en bois ou en fer, ces derniers sont préférables, mais, à cause de la facilité avec laquelle le fer se rouille au contact de l'humidité, ils doivent être recouverts d'un enduit protecteur, émail ou étain.

L'étamage doit être fort et uni, condition essentielle. On préfère les seaux étamés plutôt qu'émaillés parce que jusqu'à présent la pratique n'a pas fourni de données suffisantes sur la durée de l'émail (fig. 4).

Les vases pour recevoir la traite sont de formes assez diverses ils portent le nom de *cannes*, ils sont

1. *La Laiterie*, par A.-F. Pouriau : 3e édit., p. 22.

pourvus d'une anse et se portent, soit sur la tête, soit à l'aide d'un joug de cou.

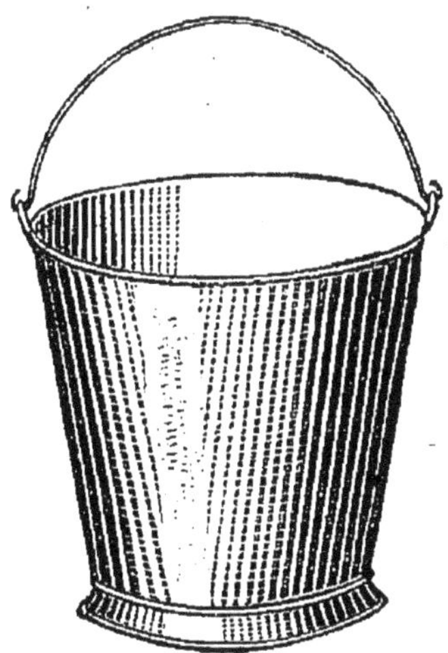

Fig. 4. — Seau à traire.

Malgré tous les soins de propreté que l'on peut prendre pendant la traite, il arrive presque toujours qu'il tombe dans le lait des poils ou autres subs-

Fig. 5. — Tamis.

tances étrangères, aussi, dès que le lait est arrivé à la laiterie, il faut le soumettre au *coulage*. On se sert pour cela de passoires en fer battu garnies intérieurement d'un linge très propre, ou bien de tamis en crin dont la partie inférieure peut s'emboîter dans le col du vase destiné à recevoir le lait (fig. 5).

Les appareils pour le mesurage ou la pesée du

Fig. 6. — Seau à flotteurs.

lait sont fort nombreux. On se sert le plus généralement de *seaux à flotteur* (fig. 6) système très pratique, car quelle que soit l'abondance de la mousse du lait, le flotteur repose toujours, vu son poids, sur la surface du lait. Une graduation est inscrite sur la tige du flotteur. Le chiffre en regard de l'anse, qui sert de guide à cette tige, indique le volume de lait contenu dans le seau.

La tige du flotteur se trouvant au centre, l'indication n'est pas influencée par la position du seau.

On se sert encore de seaux munis d'une échelle en verre (fig. 7). Toutefois, nous devons faire remarquer que la détermination d'une grande quantité de lait par la mesure du volume est peu précise. La pesée, qui estime cette quantité à quelques grammes près, doit être pratiquée de préférence dans une laiterie.

La balance de M. C. Schenck à Darmstadt est une des plus perfectionnée. Le réservoir à lait est en fer

Fig. 7. — Seau gradué.

étamé ; il est formé, dit M. L. Chevron, d'un corps cylindrique terminé par une sorte d'entonnoir dont le sommet est occupé par le trou de coulée. Le réservoir est supporté par un tréteau en fer. La charge, par l'intermédiaire de la tringle verticale que l'on voit à la gauche de la figure, vient s'exercer, comme d'habitude, sur le petit bras du fléau. Sur l'autre bras (formé de deux barreaux parallèles) glissent les trois poids qui doivent produire l'équilibre. Le poids du barreau inférieur indique les dizaines de kilogrammes ; les deux poids du barreau supérieur, celui de gauche marque les kilogrammes et hectogrammes, celui de droite marque les décagrammes. Lorsque le lait est pesé, on vide le réservoir qui le contient en levant le tampon qui bouche le trou de coulée.

M. Schenck a apporté à sa balance un perfectionnement important en la combinant avec l'enregistreur[1].

La balance-bascule (fig. 8) a un tablier sur lequel s'élèvent deux supports entre lesquels est suspendu, sur tourillons, un réservoir en cuivre. Dans le haut du réservoir se trouve un grand tamis en toile métallique.

Après pesage, on dégage un cliquet, on peut alors

Fig. 8. — Balance-bascule.

faire tourner le réservoir sur ses tourillons et en déverser le contenu.

Le frein qu'on voit derrière le fléau peut se serrer et se desserrer à volonté, afin que le poids ne se porte pas trop sur la main.

Refroidissement du lait. — Quand le lait doit être conservé, soit pour être transporté au loin, soit pour quelque autre raison, il est essentiellement nécessaire de le refroidir aussitôt qu'il a été trait

1. L. Chevron : *Rapport sur l'Exposition laitière de Munich*, 884, 1 vol. 1885, p. 20.

et de l'aérer en même temps, autrement l'altération se produit et le lait se détériore rapidement. Ceci

Fig. 9. — Balance-bascule construite par M. Van Hecke.

est dû à ce que le froid paralyse l'activité des organismes inférieurs qui se trouvent dans le lait et qui, en se développant, produisent son altération. Mais il importe que le lait soit refroidi brusquement, car lorsqu'on le laisse refroidir naturellement, c'est-à-dire avec lenteur, l'altération n'est pas empêchée.

Il est donc indispensable de faire des réfrigérants surtout lorsque le lait doit être expédié au loin pour la consommation des villes ou l'alimentation des laiteries industrielles.

Les systèmes de réfrigérants sont nombreux, les plus importants sont :

1° Le réfrigérant tubulaire Lawrence ;

2° Le réfrigérant Chapellier ;

3° Le réfrigérant à colonne ;

4° Le réfrigérant Rœssler, etc.

Réfrigérant Lawrence. — Il se compose d'un réservoir A, qui reçoit le lait, et d'un réfrigérant tubulaire en cuivre ou en fer étamé.

On verse le lait sur le tamis placé dans le récipient d'où il coule en nappe mince à l'extérieur du réfrigérant.

Celui-ci est formé de deux tôles ondulées, dans lesquelles circule de l'eau très froide (glacée si on le peut).

L'eau froide entre en D et circule de bas en haut pour sortir en E. On voit que le refroidissement, dans ce système, est méthodique : le lait refroidi rencontrant l'eau de plus en plus froide.

Le degré de refroidissement dépend de la température initiale du lait, du débit et de la température de l'eau réfrigérante.

Quand l'opération est bien faite, le lait, en sortant de l'appareil, a une température de 1 degré seulement plus élevé que l'eau. Si la différence est plus grande, c'est qu'on l'a laissé couler trop vite, et l'on doit alors fermer un peu le robinet de sortie du baquet à lait.

Ces appareils, suivant leur débit (200 litres à

Fig. 10. — Réfrigérant Lawrence.

1,250 litres par heure) coûtent de 65 à 220 francs (fig. 10).

Réfrigérant Rœssler. — Cet appareil s'installe de la même manière que le précédent. A première vue, il est le même, seulement le réfrigérant est formé de tubes horizontaux, écartés légèrement l'un de l'autre et placés dans un même plan vertical.

4

L'eau circule dans l'appareil en passant d'un tube au tube immédiatement supérieur. Le lait descend en nappes minces sur les deux faces de ce système tubulaire.

Réfrigérant Chapellier. — Le réfrigérant Chapellier a quelque analogie avec le réfrigérant

Fig. 11. — Réfrigérant Chapellier.

Lawrence. Le lait versé dans le seau A (fig. 11) sort par un robinet B, et coule en nappe mince, sur une surface ondulée presque horizontale ou inclinée à 45 degrés environ, il ressort par le robinet C. L'eau froide coule et passe en sens inverse sous la table ondulée en suivant la loi du siphon. Elle sort du baquet D, parcourt le dessous de la table et sort en haut de l'appareil pour tubes dans un baquet E.

Réfrigérant à colonne. — Ce réfrigérant, représenté figure 12, se compose d'une simple colonne tronc conique en cuivre rouge étamé à

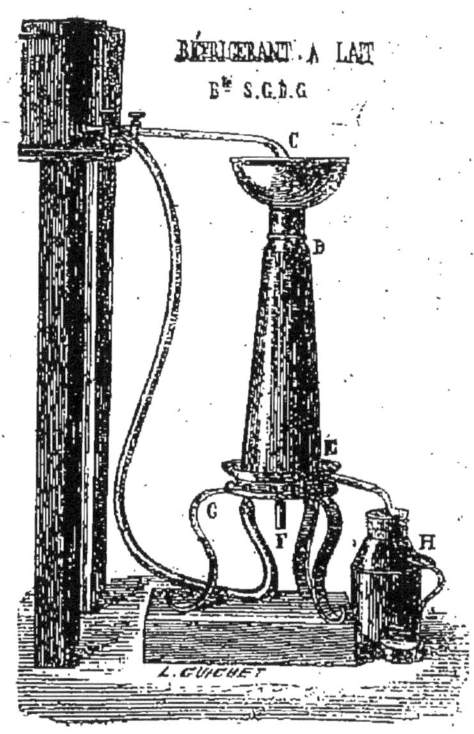

Fig. 12. — Réfrigérant à colonne.

l'étain fin, sur laquelle coule le lait. L'eau placée dans un réservoir supérieur entre par le bas de la colonne au moyen d'un tube en caoutchouc.

Chauffage ou pasteurisation du lait. — Le chauffage du lait a pour but de le conserver plus longtemps encore. La pasteurisation consiste donc à élever le lait, le plus rapidement possible, à une température de 60 à 65 degrés, en le reportant ensuite tout aussi vite à 10 degrés environ.

Cette opération fait que le lait se conserve 30 heures en plus, et elle ne nuit en rien à l'écrémage.

Parmi les appareils à pasteuriser le lait, nous mentionnerons celui de Lawrence (fig. 13) il se compose d'un tamis A, d'un récipient à lait B, d'un appareil chauffeur C, construit en cuivre comme les réfrigérants, mais plus fort pour pouvoir supporter une pression de vapeur. Extérieurement, de chaque côté se trouve un registre afin que le lait, en se chauffant, coule à l'abri de l'air sur le réfrigérant D. L'eau froide entre en E, et sort en F. L'appareil est chauffé par la vapeur d'eau qui entre par le robinet G, et se condense dans l'appareil chauffeur C. Ainsi condensée l'eau communique, par les deux tubulures, avec le réservoir H.

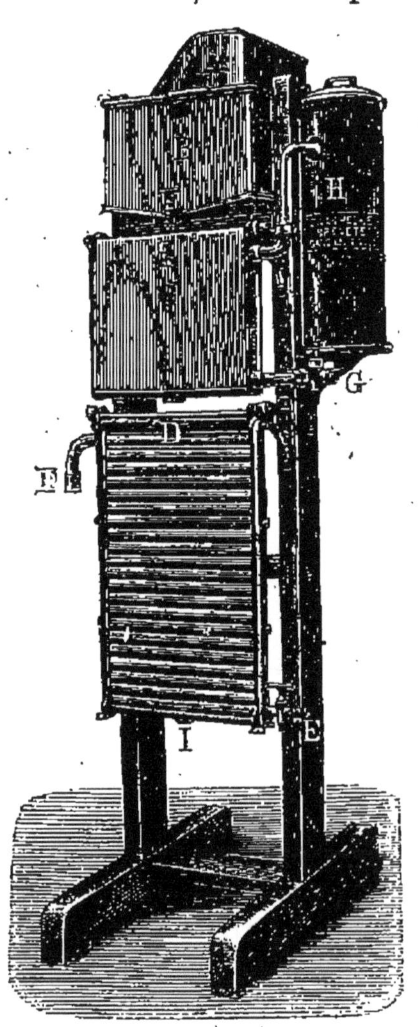

Fig. 13. — Appareil Lawrence pour la pasteurisation du lait.

On a soin de tenir cette eau, au moyen de vapeur, à 80 degrés environ, on laisse couler le lait qui se chauffe sur C à 65 degrés environ et se refroidit sur D à 10 degrés pour sortir en I dans les boîtes de transport.

Un autre appareil à pasteuriser le lait est celui de M. Carl Thiel. Il se compose d'un cylindre creux *b*, en fer étamé, à surface ondulée, et d'une enveloppe en bois *a* qui lui est concentrique. L'intervalle compris entre ces deux pièces est rempli d'eau à 65° c., qui chauffe le cylindre métallique. Le lait venant du réservoir *r* tombe sur le fond supérieur *c* qui le distribue en couche mince sur la surface ondulée intérieure du cylindre *b*. Le lait s'échauffe en descendant le long de cette surface métallique. Arrivé au pied du cylindre, il rencontre le tuyau *i* qui l'amène à l'ajutage de sortie *k*, où se trouve un thermomètre *m* qui indique sa température. L'eau est chauffée par une injection de vapeur pénétrant dans la double enveloppe par la tubulure *h*; le tuyau courbe *o*, percé de trous, distribue cette vapeur uniformément dans toute la masse de liquide. L'excès d'eau, dû à la condensation, trouve une issue par le trop-plein *p*. La température de l'eau est indiquée par un thermomètre.

M. Fleischmann a soumis cet appareil à des essais qui lui ont été favorables. De huit expériences, il a tiré les résultats moyens suivants :

624 kilogrammes de lait à 19° c. ont été, en une heure, portés à 60° c. par de l'eau à 76° c.

M. Thiel refroidit ensuite le lait dans un réfrigérant conçu sur le même principe que le calorisateur : le lait chaud descend sur la surface cannelée extérieure du cylindre *a* (fig. 14), rempli intérieurement d'eau froide en circulation. L'eau pénètre à la base de l'appareil par le tuyau *c*; l'eau échauffée est prise au sommet du cylindre par un tuyau droit

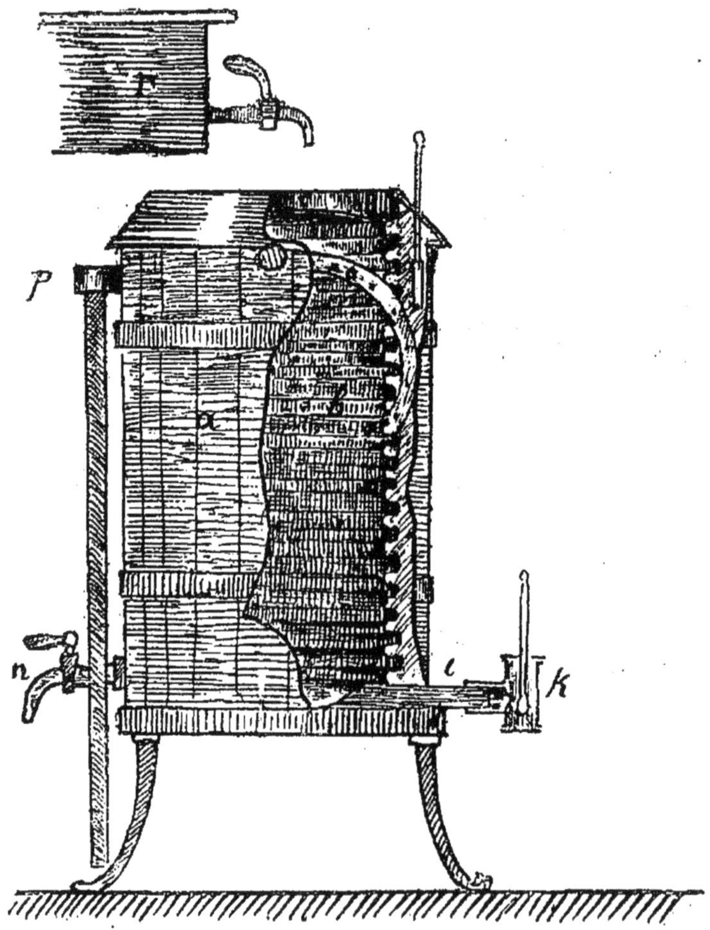

Fig. 11. — Appareil Thiel.

placé intérieurement et communiquant avec le robinet *f*. Le lait refroidi est recueilli dans la nochère *d* [1].

Un autre appareil à pasteuriser le lait, qui est fort

1. L. Chevron. *Rapport sur l'Exposition laitière du Munich*, 1884.

employé en Allemagne, notamment en Bavière, est celui de Theisen qui n'est qu'un appareil Lawrence perfectionné ; les deux tôles ondulées sont remplacées par deux tôles en zigzag.

Le calorisateur-réfrigérant de Rossler a quelque analogie avec le réfrigérant simple du même inventeur. Là, l'eau chaude et l'eau froide circulent

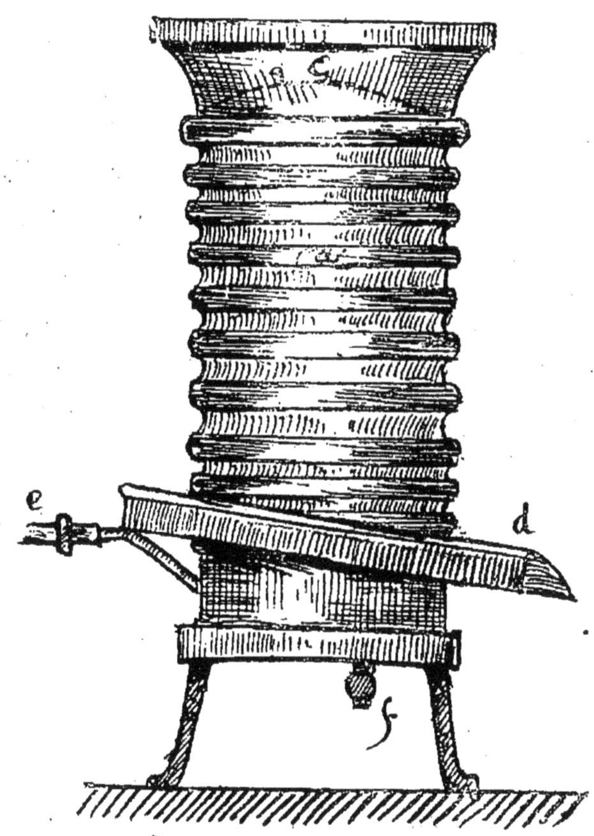

Fig. 15. — Appareil Thiel.

respectivement dans des tubes horizontaux écartés légèrement l'un de l'autre et placés dans un même plan vertical. L'eau passe d'un tube au tube immédiatement supérieur. Le lait descend en nappe mince sur les deux faces de ce système tubulaire. La partie réfrigérante de l'appareil se trouve placée sous la partie fonctionnant comme calorisateur.

Comme le lait en passant sur le calorisateur subit toujours une certaine évaporation, ce dernier

Fig. 16 et 17. — Boites à fermeture hermétique de Fleischmann.

appareil est pourvu de deux feuilles en fer blanc mobiles à volonté dont le pied plonge dans l'eau et qui recouvre l'appareil. Ce dispositif a pour but de restreindre l'évaporation.

Cette disposition n'est d'ailleurs pas nouvelle, car dans le calorisateur perfectionné de Lawrence, une toile verticale, placée à une petite distance des calorisateurs, remplit le même office.

Nous aurons à reparler de la pasteurisation du lait

non écrémé et du lait écrémé, et à signaler quelques autres appareils au chapitre : Écrémage.

Transport du lait. — On transporte le lait de la laiterie chez le consommateur, dans des vases en fer blanc appelés pots à lait, il y en a un grand nombre de systèmes.

Les boîtes à fermeture hermétique, système Fleischmann (fig. 16 et 17), sont remplies jusqu'au col, le couvercle étant concave, presse le lait et la fermeture devient hermétique. Tout mouvement du lait dans la boîte est impossible.

On peut refroidir le lait en ajoutant à la boîte un couvercle-boîte à glace (fig. 18).

Fig. 18. — Couvercle-boîte à glace.

Une autre boîte du même inventeur permet de transporter le lait à de plus grandes distances par l'emploi de la glace (fig. 19). Sa fermeture est hermétique, elle est pourvue d'un couvercle avec boîte à glace, d'un flotteur avec deux tiges graduées indiquant la contenance, et d'un robinet de soutirage en métal étamé.

Ce flotteur, avec ses deux tiges graduées, sert en

même temps à agiter le lait, car par suite du froid et du repos la crème monte rapidement.

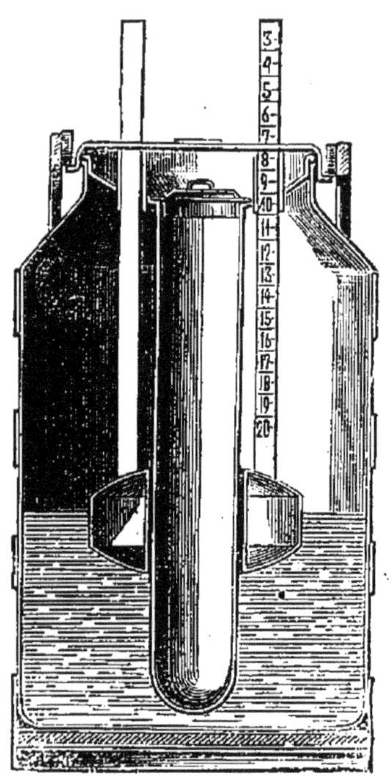

Fig. 19. — Boite réfrigérante avec boite à glace.

Il existe également des boîtes à lait montées sur roues. La fig. 20 en représente un modèle construit par M. Pilter, à Paris; la boîte est complètement indépendante de la brouette et peut être déposée à terre en soulevant simplement la poignée de la flèche. Le vase à lait peut aussi être déposé ou repris par un simple mouvement de bascule tout en restant dans la brouette.

Il existe aussi de véritables voitures pour les grandes laiteries qui vendent leur lait dans les grandes villes. Ces voitures comprennent généralement trois compartiments, les compartiments latéraux qui sont fermés à clef au départ, contiennent les récipients à lait (fig. 21 et 22). Ces voitures sont à panneaux doubles et l'intervalle entre ces panneaux est rempli par un corps mauvais conducteur,

Fig. 20. — Boite à lait montée sur roue de M. Pilter.

en outre, dans chaque voiture se trouve un réservoir métallique destiné à recevoir de l'eau froide ou de la glace pour combattre l'élévation de température pendant les chaleurs de l'été.

Conservation du lait par l'addition de substances étrangères. — Nous venons de voir que, pour assurer la conservation du lait, il suffit de détruire les ferments qui s'y trouvent. Le froid et la chaleur y réussissent parfaitement bien ; cependant on a essayé d'autres moyens, tels que l'emploi des alcalis qui font disparaître le coagulum formé par l'acide lactique du lait altéré, on empêche ainsi le lait de *tourner*. Toutefois, ces moyens n'assurent la conservation du lait qu'au détriment de sa qua-

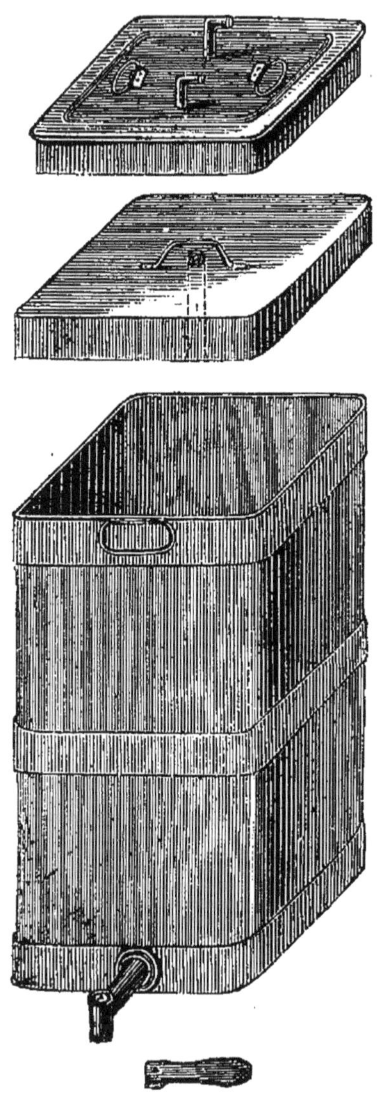

Fig. 21 et 22. — Récipients à lait.

lité, et souvent même lui donnent une nocivité bien évidente, aussi ne sont-ils pas autorisés pour la vente du lait dans les grandes villes. La substance la plus généralement employée est le bicarbonate de soude. Un millième de cette substance suffit pour empêcher le lait de tourner. On emploie le bicarbonate de soude à la dose de 2 grammes par litre de

Fig. 23. — Voiture à lait.

lait, cette quantité suffit pour retarder d'environ 12 heures, pendant les temps très chauds, le moment où le lait peut s'altérer.

On se sert encore quelquefois du borax, qui peut être dangereux.

Nous avons vu, au chapitre précédent (falsifications), comment on pouvait déceler sa présence.

Il en est de même pour l'acide salicylique.

Lait condensé ou concentré. — Un autre moyen de conservation du lait consiste à le réduire par évaporation au cinquième du volume primitif en l'additionnant d'une certaine quantité de sucre.

C'est à Appert qu'on doit les premières recherches sur ce sujet qui fut repris un peu plus tard par Malbec. Enfin, c'est aux États-Unis, en 1856, que la question fut définitivement résolue. Aujourd'hui la fabrication du lait condensé se fait surtout en Suisse. C'est une industrie qu'il serait utile de voir se développer dans notre pays et tout récemment encore, M. R. Lezé, professeur à l'École d'agriculture de Grignon, a appelé l'attention de la *Société pour l'encouragement de l'industrie laitière,* sur cette intéressante question.

L'*Anglo-Swiss condensed Milk C°*, montée au capital de dix millions, compte sept usines, dont la plus importante est celle de Cham, en Suisse. On y concentre aujourd'hui, tous les jours, le lait de 8.000 vaches, correspondant au traitement de 60.000 litres de lait par jour et à l'expédition de 15 à 17 millions de boîtes de lait condensé par an.

La Société passe des marchés d'un an avec les cultivateurs auxquels elle paye 12 centimes le litre de lait qu'elle va chercher à domicile.

A l'arrivée à l'usine, fait remarquer M. L. Grandeau, le lait est versé directement dans un réservoir muni d'un tamis de soie destiné à le filtrer et à retenir les impuretés accidentelles. Ce réservoir forme en même temps le plateau de la bascule où tout le lait est pesé à l'arrivage et porté au compte du fournisseur. Une soupape qu'on soulève après chaque pesée laisse s'écouler directement le lait dans de grandes chaudières en cuivre rouge, chauffées vers 35 degrés, à la vapeur; on l'additionne alors d'un huitième environ de son poids de sucre de canne. Dès que le sucre est dissous, le liquide se rend automatiquement dans des chaudières à vide dans lesquelles il subit la concentration à la température de 52 degrés sous une dépression de 10 centimètres de mercure environ. A cette température, par suite de la diminution de pression dans l'intérieur de la chaudière, le lait bout activement sans que ses éléments constitutifs (graisse, caséine, etc.) subissent la moindre altération. En l'espace de trois heures, chacune des chaudières à vide réduit au tiers de son volume, par élimination de l'eau, de 70 à 80 quintaux de lait sucré. Des chaudières à concentration, le liquide, qui a la consistance d'un sirop fluide, se rend dans de grands cylindres plongeant dans l'eau incessamment renouvelée, où il se refroidit rapidement, grâce à l'agitation automatique des vases et du liquide lui-même. Dès qu'il est froid, le lait concentré remonte par voie mécanique dans l'atelier, où il est distribué dans les boîtes métalliques qui sont scellées immédiatement après l'emplissage et prêtes à livrer à la consommation. Chacun des vases qui ont servi au transport du lait est lavé à l'eau d'abord, brossé énergiquement à l'intérieur et lavé en dernier lieu à la vapeur, avant d'être renvoyé au fournisseur. La propreté la plus minutieuse est observée dans toute cette usine, qui, sous ce rapport, rendrait des points à l'habitation de la ménagère la plus méticuleuse. »

Voici la composition du lait condensé :

Eau	25	p. 100
Caséine / Albumine	12	—
Beurre	10	—
Sucre de lait	12	—
Sucre de canne	39	—
Sels	2	—

Le lait concentré est surtout en usage pour l'approvisionnement de la marine.

Toutefois, on trouve aussi le lait condensé en boîte dans le commerce de détail. A Paris, on le vend de 1 franc à 0 fr. 80 la boîte.

CHAPITRE V

PRODUCTION ET CONSOMMATION DU LAIT

Lait, beurre et fromage. — L'industrie laitière commence seulement à prendre de l'essor, et sans aucun doute, elle peut prendre un développement encore plus considérable et donner des bénéfices proportionnés à l'habilité de celui qui l'exerce. Vendre le lait en nature, quand on le peut, quand on est rapproché des villes, constitue, sans aucun doute, le meilleur système d'exploitation. S'il n'en est point ainsi, on ne peut que fabriquer du beurre et du fromage, et encore, pour obtenir de bons résultats, faut-il avoir dans ses étables un certain nombre d'excellentes vaches laitières, mais on ne fait rien de bon en se livrant à cette industrie dans l'isolement. Si vous faites du beurre, il faut le faire bon et ne rien négliger pour fabriquer du beurre supérieur.

La fabrication des fromages, au point de vue des bénéfices, nous paraît bien préférable à celle des beurres, car cette industrie paye le lait à un prix plus élevé que toutes les autres manipulations du lait [1].

Consommation du lait à Paris. — Comment Paris se procure-t-il l'énorme quantité de lait qui

1. Journal des cultivateurs. — *Le beurre et le lait*, par M. de la Valette, 1888.

s'y consomme : c'est là une étude intéressante étant donné que ce liquide entre pour une très large part dans l'alimentation, que c'est le seul *aliment complet*, presque l'unique nourriture des enfants. A ce dernier point de vue seul, il mériterait qu'on s'y arrête longuement.

On sait que la production laitière se fait suivant trois modes distincts :

1° Dans les pays où le système de culture est presque exclusivement herbager, les vaches qui fournissent le lait sont en même temps exploitées pour la production des veaux. Dans ce cas, le lait est rarement livré en nature à cause de l'éloignement des centres de consommation, il est transformé en beurre et en fromages. C'est ce qui a lieu, par exemple, en Suisse, en Normandie, en Bretagne, etc.

2° Dans les contrées où les cultures de céréales et de plantes industrielles dominent sur les prairies, les vaches sont exclusivement exploitées pour le lait; les veaux sont vendus une ou deux semaines après leur naissance. Dans ce cas, le lait est généralement vendu en nature et c'est avec ce système que les fermiers placés dans les environs des grandes villes parviennent à réaliser d'énormes bénéfices par la vente du lait garanti pur.

3° Dans les villes où les pâturages manquent complètement, les vaches sont gardées à l'étable pendant toute l'année. C'est le cas des laiteries urbaines. Mais ici, comme il faut acheter les fourrages, le lait doit être vendu au moins 20 ou 25 cent. le litre pour payer les aliments achetés.

Comme on le comprend sans peine, seuls, les deux

derniers modes de production interviennent dans l'approvisionnement de la ville de Paris.

A l'heure qu'il est, on consomme journellement à Paris, environ 400.000 litres de lait, soit 146.000.000 de litres par an, ce qui représente une valeur de près de 43.200.000 francs.

En 1869, cette quantité s'élevait à peine à 312.000 litres par jour, soit 112.000.000 de litres, c'est-à-dire une valeur d'environ 33.600.000 francs.

Ce lait est fourni par trois sortes de producteurs : D'abord les cultivateurs des environs de Paris, qui expédient leur lait par chemin de fer, environ 230.000 litres par jour. Ensuite les petits cultivateurs de la banlieue (Villejuif, Pré-Catelan, etc., etc.), environ 80.000 litres par jour. Enfin les nourrisseurs de l'intérieur de Paris, qui produisent journellement 90.000 litres de lait.

Les laitiers de Paris payent aux cultivateurs de 10 à 14 centimes le litre de lait. Celui-ci est vendu de 20 à 25 centimes aux détaillants qui le livrent aux particuliers à raison de 25 ou 30 centimes le litre.

Il arrive parfois que toutes les quantités qui arrivent dans l'intérieur de Paris ne sont pas consommées en nature, alors l'excédent sert à faire des fromages.

Le lait amené par les chemins de fer est renfermé dans de grandes boîtes. Les cultivateurs qui font cette production portent la traite du matin à 98 degrés (au bain-marie) puis refroidissent rapidement, comme nous l'avons expliqué. Cette traite est mélangée avec celle du soir et expédiée le matin de fort bonne heure. Cette production est très intéressante et les procédés de chauffage et de refroidissement varient quelque peu selon les producteurs. Quant aux conditions économiques de cette production, elle ne peut nous arrêter ici, ce serait rentrer dans l'étude des systèmes de culture des environs de Paris.

Pour ce qui est des nourrisseurs, ils achètent leurs vaches par commissionnaires au moment où elles ont fait leur veau, plus rarement quand elles vont le faire. Ils les payent 450 à 550 francs; ces vaches appartiennent presque toutes aux variétés hollandaise, flamande et normande, les suisses sont beaucoup plus rares.

Ces animaux sont gardés à l'étable, à l'abri d'une trop grande lumière, à une température de 15 ou 18 degrés, ce qui est très favorable pour avoir une activité maxima des glandes mammaires. Ces vaches, d'ailleurs fort bien nourries, donnent de 16 à 22 litres de lait.

La nourriture de ces vaches se compose de foin, betteraves, carottes, farine d'orge, etc., quelquefois on y ajoute des herbes vertes lorsque le nourrisseur peut s'en procurer à bon compte. Tel est, par exemple, le produit de la tonte des gazons des jardins de Paris. Les denrées alimentaires étant achetées au marché, on peut, dans ce cas, évaluer rigoureusement tous les facteurs du débit *en argent*, ce qui, malgré l'assertion de quelques agronomes, ne saurait être exact dans une exploitation rurale.

Les betteraves se payent 20 francs les 1.000 kilogrammes, l'orge 22 francs les 100 kilogrammes, le son 10 à 14 francs les 1.000 kilogrammes. Les nourrisseurs vendent le lait à raison de 30 ou 50 centimes le litre.

Les vaches sont gardées une année au moins et le plus souvent quinze ou dix-huit mois, c'est-à-dire jusqu'à ce qu'elles ne donnent plus que 7 ou 8 litres de lait. A ce moment elles sont vendues à des marchands qui les livrent à la boucherie, car le régime sédentaire auquel elles étaient soumises chez les nourrisseurs les a rendu aptes à remplir cette fonction qui d'ailleurs doit être le but définitif de toute exploitation de bovidés.

A côté de cette production se trouve encore celle du lait *garanti pur*. C'est ce qui a lieu par exemple au Pré-Catelan. Là les prix d'achat sont les mêmes, nous y avons trouvé des normandes exclusivement, une ou deux suisses par hasard. On fait parfois faire aux vaches un veau à l'établissement, notamment quand on est en présence d'individus remarquables. Quelques vaches donnent parfois des bénéfices tout à fait exceptionnels. Ainsi, on nous a montré, au Pré-Catelan, une vache suisse donnant 18 litres de lait par jour et qui a produit en deux ans, tous frais déduits, 5.000 francs de bénéfices.

Le lait garanti pur est renfermé dans des vases d'étain ou de porcelaine, quelquefois même de verre; il est livré aux particuliers à raison de 1 franc le litre. Il va sans dire que les vases sont lavés et entretenus avec une propreté minutieuse. Une foule de cochers et de domestiques sont employés à transporter ce lait.

Les frais sont couverts par les prix exceptionnels auxquels le lait est vendu [1].

Le lait comme aliment. — Le lait constitue le premier aliment des animaux mammifères, c'est un aliment *complet*, c'est-à-dire renfermant *tous* les principes chimiques nécessaires pour la formation des tissus animaux. En étudiant sa composition chimique, nous avons vu la multiplicité des éléments qui le constituent. Ces principes peuvent être groupés en trois séries :

1° Principes plastiques : Caséine, lactoprotéine ;

2° Principes comburants : Beurre, lactose ;

3° Principes salins : Phosphates, chlorures, carbonates, sels à acides organiques, etc.

Tous ces éléments sont en dissolution dans une quantité variable d'eau.

D'ailleurs, la meilleure preuve qu'on puisse donner que le lait est un aliment complet, c'est que ce liquide est l'aliment exclusif des nouveaux-nés. Athenée rapporte que Phabin n'a vécu toute sa vie que de lait.

Le lait constitue une nourriture douce, de digestion ordinairement facile, transmettant au torrent circulatoire un chyle qui ne nécessite qu'un travail peu actif d'hématose, n'élevant que faiblement la température du corps, mais n'accélérant pas sensiblement la circulation. Bien digéré, il tend à développer l'embonpoint.

Il faut cependant reconnaître que certains esto-

1. Voy. *La Nature*, 1883, 1er semestre, p. 291 : Alb. Larbalétrier, *Le lait à Paris*.

macs ne supportent pas facilement cette boisson peu sapide.

« La pénurie des principes odorants, dit M. Gubler, et la faible proportion de sel marin, c'est-à-dire des substances jouant le rôle de condiments, sont des conditions qui rendent l'usage de cet aliment peu favorable aux personnes atteintes de dyspepsies torpides ou disposées à la diarrhée catarrhale ou séreuse. En revanche, c'est parfois la seule nourriture acceptée par les estomacs irritables, phlogosés, des sujets goutteux, herpétiques, ou par ceux qui ont abusé des épices, des salaisons et des boissons alcooliques. »

D'après M. Husson, le lait est mieux digéré par les enfants et les vieillards que par les adultes ; par les personnes nerveuses ou sanguines que par celles qui sont lymphatiques. On a vu quelquefois la mort se produire à la suite de l'absorption d'un verre de lait froid, pendant les chaleurs de l'été. La présence de l'acide carbonique dans le lait cru fait qu'il est mieux digéré que celui qui est cuit [1]. Toutefois, nous avons vu précédemment que l'usage du lait cru est imprudent en ce qui concerne la transmission de certaines maladies.

Presque tous les peuples de la terre emploient le lait d'un animal domestique quelconque comme aliment. Cependant, les Chinois ont une répulsion profonde pour le lait, qu'ils regardent comme du sang blanc. M. Husson, de Toul, explique que cette répugnance est entretenue dans le peuple, par les

1. Husson. *Le lait, la crème et le beurre.*

économistes, en vue d'éviter les famines épouvantables qui l'ont si souvent décimé : on réserve de cette façon le lait de vache pour l'allaitement des veaux [1]. Dans le même but, les bœufs ne sont pas livrés à la consommation, mais servent exclusivement aux travaux des champs. En revanche, les habitants du Céleste-Empire prisent beaucoup la viande de porc et utilisent, dans leur alimentation, le chien, le cheval, le chat et les rats, sans parler de leurs fameux nids d'hirondelles. C'est le lait de vache qui est le plus généralement employé comme aliment, après vient le lait de chèvre.

Voyons un peu la valeur alimentaire du lait des différents animaux qui livrent ce produit à l'homme :

Le *lait de vache* est blanc jaunâtre, à saveur sucrée, agréable, à odeur faible, sa réaction est alcaline ; il est facilement coagulable, sa densité est égale à 1.0318.

Voici sa composition moyenne :

Caséine	3,6
Beurre.	4,05
Sucre	5,5
Sel	0,4
Eau.	86,4

Le *lait de chèvre* a un aspect plus crémeux, sa densité est un peu plus forte : 1.0323.

Composition :

1. Husson. *L'Alimentation animale.*

Caséine	3,7
Beurre	4,2
Sucre	4,0
Sels	0,5
Eau	87,6

Le *lait de brebis* est très nourrissant, riche en beurre et en caséine ; très blanc, sa densité : 1.038.

Composition :

Caséine	6,1
Beurre	5,33
Sucre	4,2
Sels	0,7
Eau	83.6

Le *lait d'ânesse* a beaucoup d'analogie avec le lait humain, mais il est moins riche en beurre. Il est difficilement coagulable, sa densité est 1.034.

Voici sa composition :

Caséine	2,15
Beurre	1,15
Sucre	6,4
Sels	0,32
Eau	89,63

Le lait en médecine. — La médecine utilise le lait sous deux formes : lait naturel et lait médicamenteux.

Le lait en nature, disent MM. Bouchut et Desprès, est un des meilleurs remèdes de la dyspepsie produite par une phlegmasie gastro-intestinale chronique. On le donne dans l'hypocondrie, dans la gastrite aiguë et dans l'ulcère chronique simple de l'estomac, comme nourriture simple, une à dix tasses par jour, seul ou coupé d'eau ou additionné d'eau de chaux, 15 grammes par tasse, si les malades ont des aigreurs. C'est un moyen de guérison ou d'amélioration dans toutes les maladies chroniques. Pour faire la cure de lait avec toutes les conditions possibles de succès, il faut aller la faire à la campagne, et surtout en Suisse, à Interlaken [1].

D'après le docteur Rabuteau, le régime lacté rend de véritables services dans plusieurs maladies de la peau, l'eczéma et le lichen, surtout le lichen de la vieillesse, qu'il est bon de respecter ou de ne modifier que par le régime et en activant les fonctions de la peau à l'aide de frictions sèches et du massage.

M. Bouchardat prescrit le lait dans certaines formes de consomption caractérisées par des excrétions trop abondantes d'urée ou de bile.

Le lait de chèvre passe pour être moins relâchant que celui de vache ; il est quelquefois employé contre la diarrhée des enfants.

Le lait d'ânesse convient surtout aux sujets qui, par défaut d'action hépatique ou par une autre cause ont besoin d'emprunter des aliments respiratoires tout élaborés. De ce nombre sont les cachectiques, les cirrhotiques, les tuberculeux, etc.

Enfin le lait est encore employé à l'extérieur en gargarismes, lotions, injections, fomentations colluctoires, cataplasmes, puis on mêle à des substances émollientes ou narcotiques.

1. *Dictionnaire de Thérapeutique*. p. 818. Art. *Lait*.

En ce qui concerne les laits médicamenteux, voici ce qu'en disent MM. Bouchut et Després :

Différentes substances médicamenteuses prises à l'intérieur, telles que les iodures, les mercuriaux, la quinine, le soufre passent dans le lait. On a pensé qu'en mélangeant à la nourriture des vaches, des ânesses, quelques-uns de ces remèdes, on aurait ainsi un nouveau moyen d'administrer les médicaments aux enfants.

C'est une bonne idée, mais elle est plus théorique que pratique, car le lait ainsi préparé étant très cher et renfermant une quantité inconnue de substance active, ne peut pas toujours être employé. Si l'on veut se servir de lait médicamenteux, on peut le préparer directement en y incorporant une quantité déterminée de substance active. Dans ce cas, il faut prendre du lait de vache et y ajouter de l'iodure de potassium, du sel marin ou un sel de mercure à une dose déterminée, de façon qu'on puisse se rendre compte de ce qu'on donne aux malades.

Parmi ces laits médicamenteux il faut citer :

1° Le lait de Carragahcen. Lait 300 grammes ; mousse de Corse, 20 grammes. Faites bouillir, exprimez et aromatisez avec de la fleur d'oranger. Contre la bronchite chronique ;

2° Le lait mercuriel. Lait 300 grammes. Liqueur de Van Swieten 30 grammes contre la siphilis ;

3° Le lait de poule, qui n'a rien de commun avec le lait et qu'on fait avec un jaune d'œuf battu dans l'eau chaude sucrée et aromatisée par la fleur d'oranger, s'emploie contre la bronchite ;

4° Le lait arsenical se prépare avec de l'acide arsénieux ;

5° Le lait ioduré. Lait 300 grammes, iodure de potassium, 2 grammes ;

6° Le lait ferrugineux se prépare avec du pyrophosphate de fer ;

7° Le lait chloruré, formé de lait 300 grammes ; chlorure de sodium 10 à 30 grammes, dans la scrofule et la phtisie ;

8° Le lait virginal. Il n'a rien de commun avec le lait, et se prépare en mettant quelques gouttes de teinture de benjoin dans l'eau de rose. Il s'emploie pour conserver la fraîcheur du teint ;

9° Le lait de soufre se prépare avec 5 grammes de soufre, 4 grammes de camphre, 200 grammes d'eau de rose, employé contre la couperose.

DEUXIÈME PARTIE

LE BEURRE

CHAPITRE VI

DE LA CRÈME

Montée de la crème. — On fait le beurre soit avec le lait directement, soit avec la crème. Mais dans l'un et l'autre cas, c'est toujours la crème qui fournit cette substance, c'est pourquoi nous devons l'étudier tout d'abord.

Lorsqu'on abandonne du lait à lui-même dans un endroit froid, on voit qu'il se forme, à la partie supérieure, une couche onctueuse épaisse, d'un blanc jaunâtre qui constitue la crème.

La densité de la crème est moindre que celle du lait. Elle est d'environ 10,20.

Nous avons vu, au chapitre II, comment on peut mesurer la quantité de crème contenue dans un lait donné, à l'aide d'un crémomètre, nous n'y reviendrons pas. Faisons remarquer toutefois que les indications fournies par cet instrument sont souvent fort peu exactes.

La montée de la crème est facilitée par l'addition d'une faible quantité d'eau. Au contraire, la présence d'une faible quantité de carbonate alcalin qu'on ajoute quelquefois au lait pour arrêter la coagulation de la caséine, retarde souvent de beaucoup la séparation de la crème.

La montée de la crème est également retardée par l'ébullition du lait.

Pour séparer la crème du lait on procède généralement de la manière suivante :

Le lait de la traite est d'abord versé dans des terrines. On en met d'autant plus dans chaque terrine qu'il fait plus froid et d'autant moins qu'il fait plus chaud. On laisse ces terrines sur le carreau ou sur le pavé, ou bien on les arrange sur des rayons. Sur le carreau ou sur le pavé, fait remarquer M. P. Joigneaux, le lait se trouve bien en été, mais les terrines ainsi placées gênent la circulation et les limaces sont à craindre. En hiver, les terrines sont toujours mieux à leur place sur les rayons.

Le lait est abandonné à lui-même, dans l'état de repos le plus complet. Quand la température de la laiterie est convenable, et pour qu'elle le soit, il importe qu'elle ne s'établisse ni au-dessous de 12° c., ni au-dessus de 15 degrés, la crème se sépare au bout de vingt-quatre heures environ, monte à la surface de la terrine, en raison de sa légèreté, et, au bout de trente-six heures la séparation est à peu près complète. Mais le plus ordinairement, la température de la laiterie est trop basse ou trop élevée; dans le premier cas, en automne ou en hiver, il faut attendre de quarante-cinq à soixante heures, à moins de chauffer la laiterie; dans le second cas, la crème monte très souvent trop vite, à cause de l'acétification rapide de la masse liquide, et il en reste dans le fromage. Au bout de quinze à seize heures, de vingt-quatre heures au plus, toute la crème qui peut se séparer est à la surface. La crème qui se sépare la première est toujours la plus grasse et la meilleure. On a donné diverses indications afin d'éclairer la ménagère sur le moment le plus convenable pour écrémer ou enlever la crème des terrines. Si l'on attend trop, cette crème peut devenir aigre, et alors le beurre est de médiocre qualité ; si l'on n'attend pas assez, on suspend la montée et l'on perd sur la quantité. Parmi les indications données, une seule nous satisfait : elle consiste à effleurer la crème du bout du doigt; si rien ne s'y attache, la crème est à point; l'écrémage se fait avec l'écrémoir ou avec des coquilles.

La crème levée est versée fort souvent dans des

Fig. 21. — Écumoires.

terrines ou dans de grandes soupières. Cette pratique est tout à fait vicieuse, car les vases à large ouverture ont l'inconvénient de trop multiplier les points de contact de la crème avec l'air et de la rendre trop vite aigre. Lorsqu'on veut bien conserver sa crème, on doit la verser dans des vases élevés et à ouverture étroite et bien bouchée.

Nous allions oublier une autre recommandation très importante, c'est de ne jamais faire lever de crème dans une terrine dont le vernis intérieur se trouve écaillé ou ébréché. Voici pourquoi : la présure que l'on emploie pour cailler le lait écrémé pénètre, quoi que l'on fasse, dans les pores de la terre cuite non vernissée, résiste à tous les lavages, et ne manque pas de déterminer l'acidification du lait avant que la crème ait eu le temps de monter.

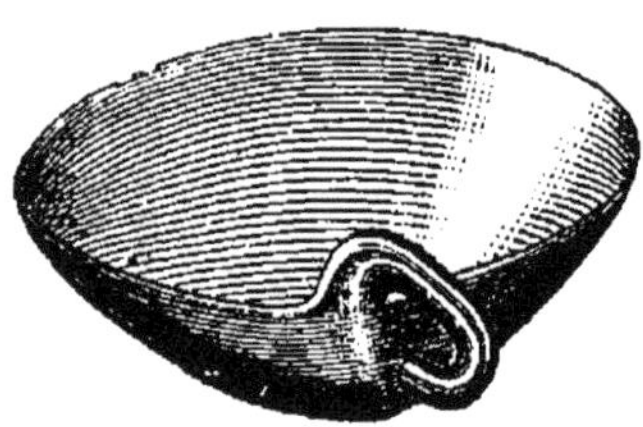

Fig. 25. — Coquille pour l'écrémage.

M. Heuzé porte à 8 ou 10 litres de crème le rendement de 100 litres de lait au printemps et en été, et à 12 litres le rendement d'automne et d'hiver. Il ajoute que 100 litres de crème donnent 25 kilogrammes de beurre. Ce serait en moyenne, 24 litres de lait pour 1 kilogramme de beurre ou 4 litres de crème. Cette moyenne nous semble un peu forte ; le plus souvent, il ne faut guère moins de 28 à 30 litres de lait pour faire un kilogramme de beurre[1].

Tout ce qui précède, quant à la crème, relève du vieux système. La nouvelle méthode consiste à refroidir de suite le lait afin d'obtenir plus de crème et une meilleure crème, comme nous le verrons par la suite.

1. P. Joigneaux : *Le livre de la ferme et des maisons de campagne.*

Quelques producteurs, surtout dans les grandes villes, pour séparer la crème du lait, ajoutent un peu d'eau au lait de la veille et l'écrèment le lendemain avant de le vendre. La crème ainsi obtenue n'a aucune consistance, c'est la *jeune crème* qui ne renferme guère plus de 40 p. 1000 de beurre.

Le lait dont on a retiré la crème sert à la nourriture des bestiaux, on l'utilise aussi parfois dans les ménages pour faire de la soupe, enfin plus souvent encore on en fait des fromages maigres.

Ce lait renferme encore une faible quantité de beurre, aussi, pour l'en priver plus complètement, n'écrème-t-on souvent le lait qu'après deux ou trois jours de repos ; on obtient alors de la *crème faite*, produit légèrement acide et ayant une légère odeur butyreuse. Cette crème, qui est épaisse, renferme en moyenne 45 p. 100 de beurre et 10 p. 100 de caséine.

On vend donc souvent, sous le nom de crème, des produits de composition bien différente.

On peut le faire impunément, fait remarquer M. Husson, puisqu'il n'existe aucune règle de police à ce sujet. Il serait bon cependant d'établir des bases afin d'empêcher le consommateur d'être trompé.

Les différentes sortes de crèmes. — La crème vendue est de trois sortes :

1° *La jeune crème.* — Crème de café. Crème du matin ou de douze heures et passant à travers l'écumoire.

Prix : le double de celui du lait. — Devant contenir 35 p. 1000 de caséine et de 60 à 100 grammes de beurre.

2° *La crème faite.* — Crème de vingt-quatre heures. — Pouvant s'enlever à l'écumoire et ne maintenant pas droite une cuiller à café.

Prix : le tiers de celui du beurre. — Devant contenir 96 p. 1000 de caséine et 150 à 200 grammes de beurre.

3° *La crème double,* ou crème de quarante-huit heures, assez épaisse pour maintenir droite une cuiller à café.

Prix : moitié de celui du beurre. — Devant contenir 120 pour 1000 de caséine et 300 à 400 grammes de beurre.

Le rendement du lait en crème et les qualités de celles-ci varient considérablement suivant le mode opératoire.

Le lait écrémé, après un repos de vingt-quatre heures, retient des proportions de beurre, variant suivant les conditions particulières de l'ascension de la crème. Si, par exemple, l'écrémage a lieu dans des circonstances favorables à la formation de l'acide lactique, il y a coagulation du caséum, qui retient une partie de la crème, l'empêche de monter et de se séparer. De là, une perte plus ou moins considérable de crème et, par conséquent, de beurre au profit du caséum qui se trouve plus gras.

La crème que fournit le lait laissé en repos dans les meilleures conditions possibles est loin, néanmoins, d'avoir une composition constante. La richesse en beurre varie suivant que la crème a été plus ou moins séparée du lait. Celle qu'on enlève pour la transformer en beurre dans la baratte n'est pas égouttée comme celle qui est destinée aux usages culinaires.

La crème doit être douce, onctueuse, sans grumeaux, d'une saveur et d'une odeur agréables, exempte d'acide butyrique ; elle ne doit, par conséquent, rougir que très faiblement le papier de tournesol.

Emplois de la crème. — La crème est employée dans un grand nombre de préparations culinaires qu'il serait trop long de mentionner ici. Elle entre dans la confection d'une foule de pâtisseries, on l'utilise aussi en confiserie, notamment pour la préparation des bonbons au caramel.

En thérapeutique, on emploie la crème pour mettre sur les gerçures des lèvres et des narines, sur les croûtes de l'impétigo, sur l'érysipèle. A l'intérieur, on la donne souvent à la cuiller à titre de corps gras, comme succédané de l'huile de foie de morue. C'est surtout, en Angleterre, qu'elle reçoit ce dernier usage, après avoir été additionnée d'un peu de sucre ou de rhum. Enfin, la plus grande partie de la crème produite sert à fabriquer le beurre.

Falsification de la crème. — Comme le lait, et peut-être encore plus que celui-ci, la crème est l'objet d'une foule de falsifications, malheureusement fort communes dans les grandes villes, souvent on y ajoute de l'axonge, de l'empois, de la farine, du lait et même de la craie ou du plâtre.

Voici, d'après M. Husson, comment on reconnaît ces fraudes.

On délaye 50 grammes de crème falsifiée dans 250 grammes d'eau que l'on met dans une longue éprouvette, dans le crémomètre, par exemple. Par le repos, on voit se former différentes couches.

A la partie supérieure monte la matière grasse, axonge ou autre.

Au-dessous se trouve du sérum transparent.

Au fond, on observe plusieurs dépôts qu'il est facile de distinguer.

Celui qui est au fond est formé par la substance la plus lourde, plâtre ou craie ; la matière féculente le recouvre, enfin cette couche est surmontée par le fromage blanc.

Si la crème est pure, au contraire, la séparation se fait lentement, il n'y a pas de couche inférieure, le sérum est surmonté par la crème qui se met tout d'abord en flocons dans le liquide et monte peu à peu à la surface.

Voici un moyen d'analyse plus exact et plus complet : on délaye 10 grammes de crème dans 100 grammes d'alcool à 90 degrés, puis on filtre.

Le sérum s'écoule, on lave le résidu laissé sur un filtre avec de l'eau distillée qui dissout le sucre de lait et les sels solubles, ensuite on traite à plusieurs reprise par l'éther bouillant, qui entraîne les matières grasses qu'on dose ensuite par évaporation.

Le filtre qui a été taré d'avance est desséché dans un courant d'air sec, puis pesé : on a ainsi le poids de la caséine et des sels insolubles. Si la crème a été falsifiée, on enlève le résidu laissé sur le filtre, on le met dans un ballon avec 100 grammes d'eau distillée, on fait bouillir et on traite par la teinture d'iode après refroidissement ; s'il se produit une coloration bleue, c'est qu'il y a de l'amidon.

La saccharification par l'acide sulfurique et la fermentation alcoolique indiqueront dans quelle proportion se trouve la matière féculente. Un excès de caséine ou de matière grasse seront la preuve d'addition de fromage blanc ou d'axonge. Dans ce cas, le battage du beurre se fait difficilement et même la plupart du temps on ne parvient pas à le séparer. Enfin, la calcination du résidu laissé sur le filtre fera connaître le poids des sels insolubles et mettra en évidence le sable, la craie ou le plâtre qu'on aurait pu ajouter.

Il est une dernière manipulation que l'on fait subir au lait et qu'on ne peut reconnaître : afin de retirer le plus de crème possible, on abandonne le lait pendant trois jours, on a ainsi une crème épaisse, mais légèrement aigre ; on délaye celle-ci dans un peu de lait et on vend le mélange comme jeune-crème ou comme crème de vingt-quatre heures.

L'odeur et la saveur du produit peuvent seuls indiquer ce mélange.

Il existe d'autres substances auxquelles on donne le nom de crèmes et qui n'ont aucune analogie avec celles dont il vient d'être question dans ce chapitre, tels sont les crèmes au chocolat, au café, à la vanille, etc., confiseries qui résultent de l'union du jaune d'œuf et du sucre avec le lait additionné d'une des substances aromatisantes servant à dénommer ces préparations.

CHAPITRE VII

ÉCRÉMAGE

Beurrerie. — La beurrerie est le local spécialement destiné à la fabrication du beurre.

Elle doit se composer de trois pièces :

1° Une chambre à lait, où le lait est déposé lorsqu'il arrive de la traite;

2° Une crèmerie où se fait la montée de la crème;

3° Une baratterie où s'opère la transformation de la crème en beurre.

L'ameublement de la beurrerie comprend des crémeuses, des écrémeuses, des barattes, des malaxeurs, des presses, etc., dont il sera question plus loin.

Nous avons déjà vu qu'on pouvait fabriquer le beurre de deux manières : Soit avec la crème, soit avec le lait. Occupons-nous d'abord de la première.

L'écrémage du lait, en vue de la fabrication du beurre, peut se faire de plusieurs manières, voici les trois principales :

1° Procédé français;

2° Procédé centrifuges;

3° Procédé par refroidissement.

Procédé français. — L'écrémage consiste à extraire la crème des vases où on l'a fait monter, on se sert pour cela de cuillers très plates en bois ou en fer blanc, ou bien d'écumoires à trous très fin, en fer blanc, instruments appelés *crémoirs*, qu'on promène doucement à la surface du liquide.

A quel moment convient-il d'écrémer? Cela dépend de plusieurs circonstances, telles que la température de la laiterie, la quantité de lait mis dans les crémeuses, etc. De toutes les indications qu'on a donné à ce sujet, fait remarquer M. Maigne, pour guider les laitières, la moins imparfaite consiste, assure-t-on, à effleurer la crème avec le doigt; si elle ne s'y attache point, c'est un signe qu'elle est à point. Dans tous les cas, si l'on attend trop longtemps pour écrémer, la crème peut s'aigrir, et alors on n'a qu'un beurre de médiocre qualité; si, au contraire, on écrème trop tôt, on contrarie la montée et l'on perd sur la quantité. Tantôt on n'écrème que lorsque toute la crème est montée; tantôt on écrème en deux fois, parce que la pratique a démontré qu'en agissant ainsi on gagne un peu plus de crème. Toutefois, d'après plus d'un expérimentateur, ce dernier système ne serait pas si avantageux qu'on le croit, parce que, outre qu'il ne donne qu'une quantité minime de crème, le deuxième écrémage ne se fait qu'au détriment de la qualité du fromage.

Quand on écrème en deux fois, on procède au premier écrémage dix à douze heures après le commencement de la montée de la crème, et au second quand cette opération est complètement achevée.

On ajoute ordinairement la première crème à la seconde. Toutefois, comme le beurre fait avec la première crème est beaucoup plus délicat que celui pour la préparation duquel on a employé la deuxième, on se sert souvent de la crème montée pendant les premières heures pour fabriquer un beurre dit de *première qualité*, et l'on réserve celle des heures suivantes pour confectionner du beurre de deuxième qualité [1].

La crème, une fois recueillie, est versée dans des vases spéciaux en grès ou en terre vernissée, nommés *crémières*, et transportées dans un local aéré et aussi frais que possible où on la laisse jusqu'au moment du barattage. En hiver, on peut la garder trois ou quatre jours sans qu'elle s'altère, en la maintenant à une température qui ne dépasse pas 10 degrés. En été, il est prudent de ne pas la conserver plus de deux jours.

Écrémage centrifuge. — Avec le procédé précédemment décrit, on laisse toujours une certaine proportion de crème dans le lait, par l'écrémage centrifuge, on ne laisse que des traces inappréciables de matière grasse, ce qui fait qu'on obtient toujours au moins un kilogramme de beurre avec 25 litres de lait.

Parmi les systèmes centrifuges les plus importants sont, sans contredit, ceux de Laval et ceux de Burmeister et Wain.

Écrémeuse Laval. — L'écrémeuse Laval que représente nos figures 26, 27, 28 se compose d'une turbine A en acier exécutant 6,000 tours par minute, le lait tombe du robinet placé à la partie

1. Maigne : *Nouveau Manuel complet de la Laiterie*, p. 121.

supérieure dans le petit réservoir *a*. De là, par un tuyau, il pénètre dans la turbine et se trouve aussi-

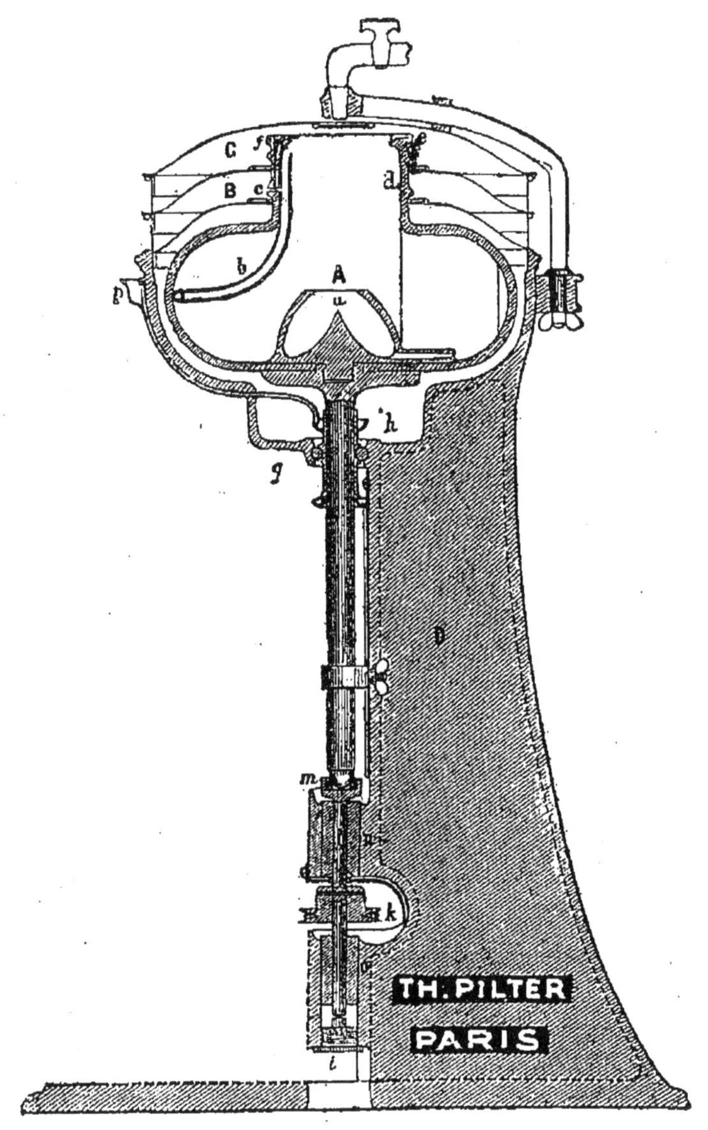

Fig. 26. — Écrémeuse Laval (coupe).

tôt lancé contre la paroi avec une force proportionnelle au carré de la vitesse de rotation. Le lait s'accumulant dans le centrifuge forme bientôt un anneau complet, suffisamment épais, dans lequel la crème et le lait maigre se séparent en deux couches concentriques. Le lait continuant à alimenter l'ap-

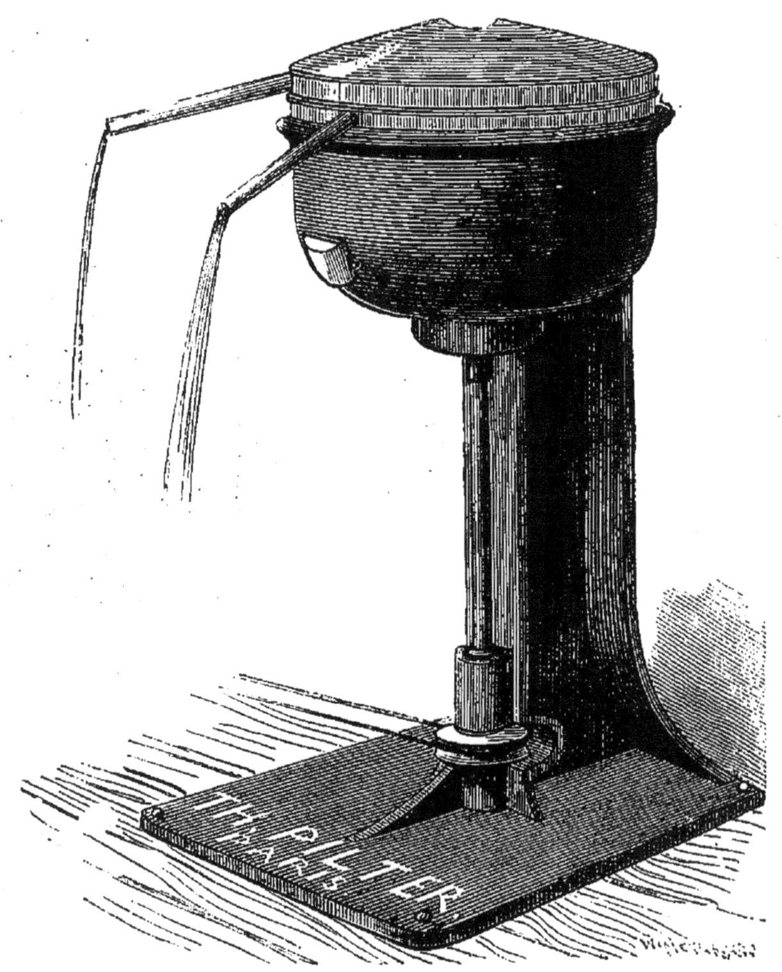

Fig. 27. — Écrémeuse Laval en marche.

pareil, s'interpose entre la crème et le lait maigre déjà séparés.

Le lait maigre est poussé dans le tuyau *b*, et va, par l'orifice *c* se déverser dans le compartiment B d'où il s'écoule au dehors; la crème s'élève dans le

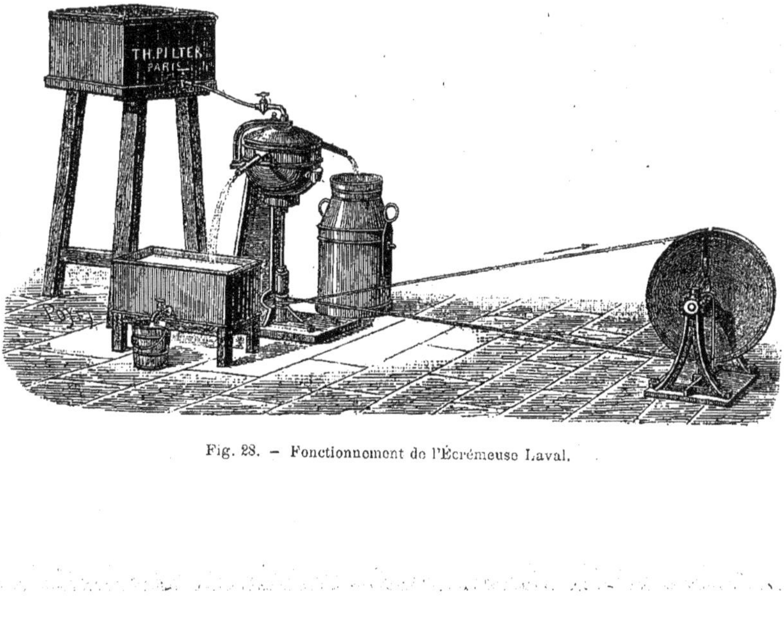

Fig. 28. — Fonctionnement de l'Écrémeuse Laval.

manchon d'où elle rencontre une petite ouverture *e* par où elle est projetée dans le compartiment C; une aile en tôle mince force le lait à participer à la rotation du vase qui le contient.

La turbine est montée sur un axe vertical portant une poulie K qui reçoit le mouvement du moteur par l'intermédiaire d'un appareil de commande et d'une corde en cuir dont les bouts sont joints par une agrafe formée d'un bout de fil en acier.

La turbine ne peut être mise en marche qu'à vide, ce n'est que lorsque la vitesse normale est acquise que le lait est admis dans l'appareil, en cas d'arrêt donc, soit par rupture de l'agrafe de la corde ou pour tout autre cause, il faut vider la turbine et recommencer à nouveau.

On peut influencer sur l'écrémage en alimentant plus ou moins par le robinet, mais on ne peut cependant changer la proportion entre la crème et le lait maigre que par tâtonnements et seulement pendant l'arrêt, en ouvrant ou en diminuant l'orifice de sortie du lait maigre *c*, au moyen d'une vis qui y aboutit.

Avec cet appareil :

L'emploi de la glace est inutile.

L'écrémage peut avoir lieu aussitôt après la traite.

La séparation de la crème du lait est complète et la production en beurre est de ce fait considérable.

L'écrémage se fait d'une manière régulière et *continue*.

Le lait écrémé qu'on obtient ainsi est parfaitement doux et ne perd aucune de ses qualités, avantage très important pour la fabrication des fromages maigres et la nourriture des veaux.

Le nettoyage de l'appareil est facile. Enfin une faible force motrice suffit pour le faire fonctionner,

Fig. 29. — Écrémeuse centrifuge à bras.

environ un cheval vapeur, un simple manège est suffisant.

De la séparation ou écrémage résultant de la différence de densité qui existe entre le lait et la crème, il s'ensuit que toutes les impuretés qui échappent toujours aux plus fins tamis employés dans les laiteries se trouvent entraînées par leur propre poids, de sorte que le lait et la crème sortent de l'appareil purs de toute matière étrangère.

Enfin, et c'est là un des principaux avantages, l'écrémage est continu, c'est-à-dire qu'une fois la machine en marche, il suffit d'ouvrir le robinet d'arrivée du lait pour que l'opération se continue sans interruption jusqu'à la dernière goutte de lait.

Ces appareils tels que les livrent M. Pilter, coûtent de 750 à 900 francs suivant qu'ils traitent 250 à 400 litres à l'heure.

Il existe ainsi une écrémeuse centrifuge (fig. 29) à bras qui présente de grands avantages; elle est d'un prix beaucoup moindre.

Écrémeuse Burmeister et Wain. — Cet appareil, représenté figure 30, est composé d'un cylindre avec un tuyau d'alimentation et deux tuyaux de décharge. A la partie supérieure, le cylindre est divisé en deux parties par une plaque circulaire en forme de couronne dont la circonférence extérieure est à une faible distance du cylindre, et qui est supporté par trois ailettes.

Sous l'influence de force centrifuge, le lait et la crème se séparent. Le lait, dont la densité est supérieure à celle de la crème est poussé vers la circonférence, et monte verticalement le long des parois au-dessus de la plaque circulaire, tandis que la crème reste au-dessous.

En introduisant simplement un tuyau dans la masse du lait au-dessus de la plaque circulaire et un autre tuyau dans la masse de la crème au-dessous, le but est atteint. L'affluence continuelle du lait doux pousse toujours une quantité proportion-

Fig. 30. — Écrémeuse Burmeister et Wain.

nelle dans les deux tuyaux, et, comme d'un autre côté, on est à même de changer à volonté les positions respectives des tuyaux pendant que l'écrémeuse fonctionne, on comprend avec quelle facilité l'on peut modifier le degré d'écrémage, c'est-à-dire les proportions relatives de lait écrémé et de crème. Ce

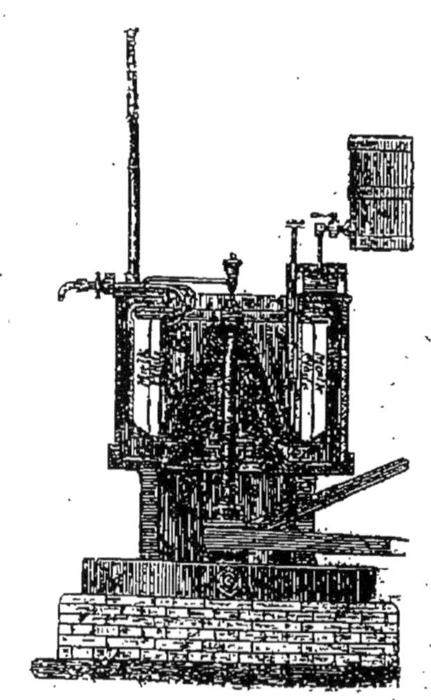

Fig. 31. — Écrémeuse Burmeister et Wain.

réglage se fait pendant la marche de l'appareil sans l'arrêter; c'est là un grand avantage.

L'écrémeuse Burmeister et Wain peut traiter aussi bien le lait chaud que le lait froid.

Cette écrémeuse est très employée en Danemark où le professeur Fjord l'a particulièrement étudiée.

Il a trouvé pour les nombres de litres de lait produisant un kilogramme de beurre :

Un minimum de 23,4;

Un maximum de 25,8;

Une moyenne de 24,4.

Avec cette écrémeuse on a un contrôle facile pendant le fonctionnement, car on peut régler l'alimentation sans arrêter l'appareil.

On obtient à volonté de la crème claire ou épaisse pendant la marche, car le tuyau à lait écrémé étant mobile, on peut le reculer autant qu'on le veut pendant la marche; par suite la consistance de la crème peut être variée sans que l'on ait besoin d'arrêter la machine.

En ce qui concerne l'élimination des impuretés du lait, il convient de faire remarquer qu'il se dépose sur la paroi intérieure de l'écrémeuse une couche bourbeuse ou d'impuretés. D'après les recherches du Dr Bang, cette boue consiste en poils de vache,

Fig. 32. — Mise en marche de l'Écrémeuse au moyen d'un manège.

en particules de sang, en écailles, en fiente de vache, en tubercules, bactéries et autres matières analogues qu'il est absolument indispensable de séparer.

Or, à cause de leur forme cylindrique, les écrémeuses Burmeister et Wain offrent plus de surface pour le dépôt de la boue que les écrémeuses en forme de boule.

Enfin, en raison même de la forme très avantageuse de cet appareil, il n'y a pas lieu d'arrêter pour le nettoyage au milieu du travail. Ces écrémeuses peuvent fonctionner toute la journée sans arrêt, et écrèment tout aussi bien la dernière heure que la première.

Cette écrémeuse peut être mise en mouvement par un manège (fig. 32).

La figure 33 montre l'installation d'une de ces écrémeuses et les avantages qui en résultent permettant de traiter le lait automatiquement, l'écrémeuse se chargeant de le recevoir et de le renvoyer au point de départ sans aucune main-d'œuvre.

Le lait amené dans la voiture A est versé dans le réservoir C. De là, il coule naturellement dans le réchauffeur D qui le verse ensuite dans l'écrémeuse. Le lait écrémé remonte seul dans le tuyau G vertical ; au moyen d'un autre tube ou d'une gouttière un peu inclinée, on l'amène dans l'appareil à pasteuriser I (décrit plus loin) qui le verse dans le baquet K, d'où on le recueille en pots pour le recharger sur la voiture A. La crème est reçue à part et traitée dans la baratte M. Si le lait écrémé est destiné à la fabrication des fromages, on peut aussi bien l'envoyer dans la fromagerie que le faire revenir à la voiture A.

Avec cette disposition, le travail est considérablement réduit pour le personnel de la laiterie. Il n'y a qu'à verser le lait doux dans le réservoir et tirer le lait écrémé dans les seaux ou dans des pots. Il faut seulement soulever le lait jusqu'à la hauteur du réservoir, lequel n'a pas besoin d'avoir plus de 60 centimètres de hauteur.

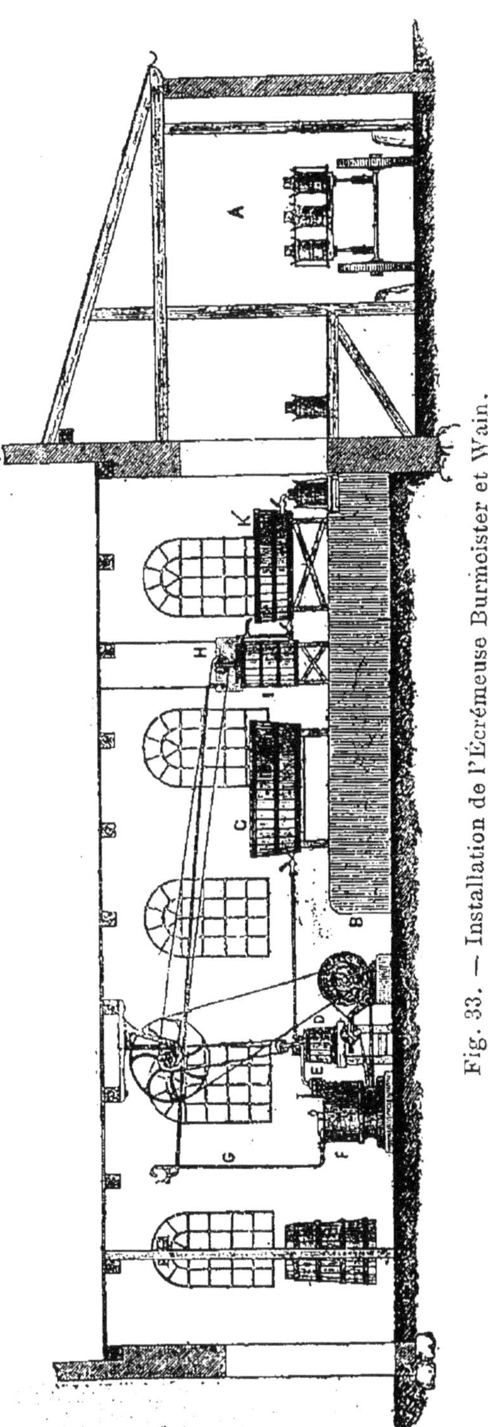

Fig. 33. — Installation de l'Écrémeuse Burmeister et Wain.

Écrémage par refroidissement. Ce système est basé sur ce fait : que la montée de la crème est d'autant plus rapide que le lait récemment trait est amené et maintenu à une température se rapprochant davantage de zéro. Ce procédé est donc tout l'opposé du *procédé français* précédemment décrit, dans lequel on regarde comme la plus favorable à l'écrémage une température comprise entre 12 et 14 degrés.

Il y a trois systèmes principaux d'écrémage par refroidissement :

1° Le système Schwartz;

2° Le système Moës;

3° Le système Cooley.

Système Schwartz. — Ce système peut être appliqué lorsque les quantités de lait dont on dis-

Fig. 34 et 35. — Vases pour le système Schwartz.

pose sont trop faibles pour qu'on puisse installer les écrémeuses mécaniques.

La rapidité de la montée de la crème est en rapport avec la température de l'eau; plus celle-ci est froide, plus la crème monte rapidement.

On place le lait dans des vases en métal qu'on plonge dans un bac d'eau glacée; il est essentiel que la température de celle-ci soit uniforme (fig. 34, 35 et 36). On enlève la crème au moyen d'une cuiller.

Voici l'action qui se produit :

Les globules butyreux étant plus légers que le

sérum du lait, dès que le liquide est en repos, ces globules montent à la surface. Si l'on augmente la densité du lait, sans augmenter celle des globules, la différence du poids sera plus manifeste et la force ascensionnelle des globules sera plus grande.

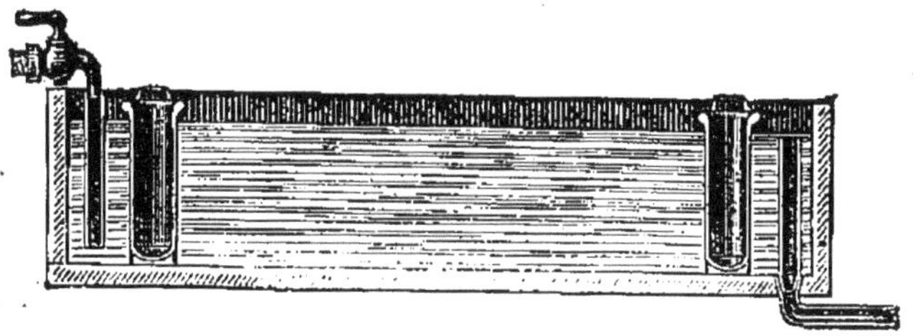

Fig. 36. — Procédé Schwartz.

Or, le lait atteint son maximum de densité vers zéro, c'est donc en se rapprochant de ce point qu'on accélèrera l'ascension de la crème. Cette montée rapide empêche le lait retenu sous la crème de fermenter, l'acide lactique ne peut se former et le lait sous-jacent reste doux aussi, quoique moins gras que le lait obtenu par le procédé français, il est préférable pour la fabrication des fromages maigres.

On reproche à ce système de donner un beurre moins aromatique.

D'une manière générale, on préfère le procédé Schwartz pour obtenir des beurres salés destinés au commerce lointain; pour le beurre de table, on préfère le système français et l'écrémage centrifuge.

Il est de fait que le procédé Schwartz est appliqué surtout dans les pays du Nord : Danemark, Suède, Norvège, où l'on recherche les beurres salés.

Système Moës. — L'écrémeuse Moës agit également par le froid; elle consiste en larges vases autour desquels on fait circuler de l'eau provenant d'un réservoir voisin. Elle présente les avantages suivants (fig. 37) :

1° La hauteur des bassins construits en forme de

Fig 37. — Système Moës.

cône tronqué étant relativement petite, et la réfrigération s'opérant graduellement de bas en haut et d'une façon continue, au moyen d'un système de refroidissement très ingénieux, la montée a lieu de telle façon qu'on parvient dans le moindre temps possible à l'extraction du maximum de crème.

2° On peut soutirer une certaine quantité de lait à une densité voulue pendant que se fait l'écrémage, et sans en rien déranger.

3° Le lait maigre est doux et frais, et constitue encore une excellente nourriture pour le jeune bétail.

4° L'écrémage complet se fait au bout de 12 à 16 heures *au maximum*, ce qui aura pour effet que le beurre produit est incomparablement supérieur à celui fourni par les pots en grès et par les autres appareils existants.

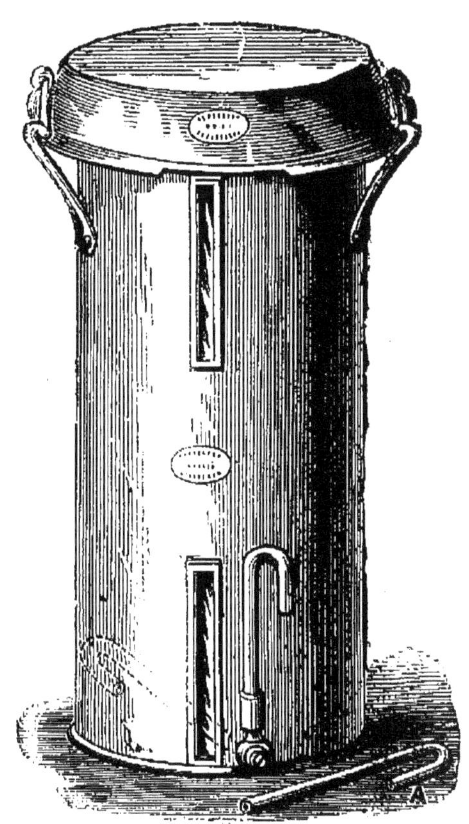
Fig. 38. — Appareil Cooley.

5° Une seule et même ouverture laisse écouler séparément : 1° le lait maigre, qui est resté doux et frais ; 2° la crème ; 3° l'eau réfrigérante.

Cet appareil est employé dans bon nombre de laiteries du Grand-Duché de Luxembourg, de la Belgique et de l'Allemagne.

Système Cooley. — Dans les fermes qui ne traitent pas une quantité de lait assez considérable pour nécessiter l'emploi d'une écrémeuse centrifuge, l'appareil Cooley (fig. 38), rend de grands services. Il permet d'obtenir un écrémage complet au bout de 12 heures au lieu de 36, comme cela est nécessaire avec les procédés ordinaires.

La submersion totale des bidons au moyen de l'eau froide garantit absolument le lait contre les variations de la température. Les temps orageux ne peuvent l'altérer en aucune façon. De plus, ce procédé conserve au lait toute sa douceur primitive, qui est la qualité indispensable pour la fabrication

Fig. 39. — Appareil Cooley (boîte).

des fromages maigres et pour l'engraissement des veaux. L'appareil Cooley est simple et portatif. L'eau froide suffit à son entretien.

Le lait d'une traite peut être mis immédiatement dans les bidons et débarrassé dans 12 heures.

Le lait ne souffre pas des changements de température; la crème s'élèvera en janvier comme en juillet, l'eau dans laquelle les bidons sont submergés donnant une uniformité de température (fig. 39).

Les bidons étant fermés par des chapeaux qui laissent une couche d'air de 2 centimètres environ sur le lait, et celui-ci étant introduit dans ces bidons à une température de 28 à 30 degrés, tandis que celle de l'eau est au-dessous de 15 degrés, il en résulte que ces deux conditions arrêtent l'évolution des organismes délétères et aident le dégagement et l'ascension des gaz qui se trouvent absorbés par l'eau.

Le lait étant entièrement entouré d'eau, non seulement les mauvais gaz sont absorbés, mais les odeurs extérieures sont complètement exclues.

Lait écrémé. — Quel que soit l'usage auquel on le destine, le lait écrémé doit être pasteurisé, à cause de la facilité avec laquelle il s'altère, cette opération est surtout indispensable dans les laiteries importantes, où la quantité de lait écrémé augmente chaque jour. M. Fjord a inventé un appareil destiné à cet usage, dans lequel un agitateur ayant à peu près la forme d'un batteur de baratte, soumet le lait qui chauffe, à un mouvement rapide qui l'empêche de brûler. L'appareil de MM. Burmeister et Wain, construit d'après ce principe, réussit parfaitement. Il consiste intérieurement en un réservoir en cuivre étamé d'une contenance d'environ 75 litres. Ce réservoir est suspendu à l'intérieur d'un vase en bois auquel il est joint à la partie supérieure, de façon à fermer l'espace entre les deux récipients.

Le réservoir en cuivre dépasse de 4 centimètres environ la partie supérieure du vase en bois. Au-dessus du niveau du vase extérieur se trouve un cercle métallique placé à 2 cent. 1/2 du réservoir intérieur et dont le bord supérieur le dépasse de 4 centimètres de hauteur. Cela forme une sorte de gouttière entre les deux réservoirs. Pendant le travail, le lait monte au-dessus du niveau du vase intérieur et remplit cette gouttière, d'où il sort par un tuyau qui le conduit à l'endroit convenable. A l'entrée de ce tuyau est un thermomètre. Sur le bord extérieur se trouve un crochet destiné à fixer une gouttière à lait. Le lait écrémé est amené dans l'appareil au moyen d'un tuyau placé extérieurement à la cuve en bois et qui est joint au réservoir en cuivre par le bas. Le lait entre donc par le fond et on lui donne le mouvement de rotation au moyen de l'agitateur. Celui-ci est actionné par une roue d'engrenage, un axe et une petite poulie à gorge. La vapeur introduite entre le réservoir en cuivre et le vase en bois communique au lait la chaleur nécessaire, pendant que l'agitateur est en mouvement. Les avantages de cet appareil consistent : 1° En ce que l'écume ne peut entrer dans l'appareil; 2° On peut en augmenter la vitesse à son gré, car le lait ne peut dépasser le bord supérieur puisque, aussitôt qu'il atteint le niveau du tuyau de dégagement, il sort de l'appareil. Cette faculté d'augmenter la vitesse a une certaine importance, parce que le lait brûle plus difficilement encore et on peut tirer plus de profit de la même quantité de vapeur. C'est pourquoi l'on peut dépasser la vitesse normale qui est de 130 tours par minute. Cet appareil (fig. 40) peut être placé sur une table en bois à pieds solides.

Dès que tout est en marche, il faut, en obser-

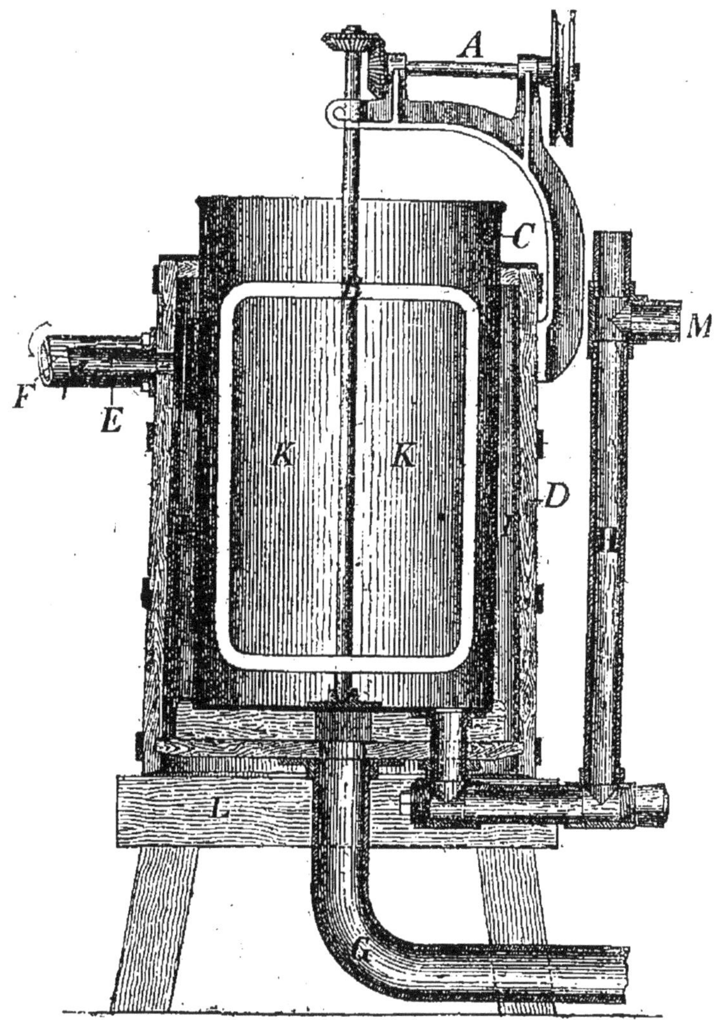

Fig. 40. – Pasteurisation du lait écrémé, système Burmeister.

vant la température du lait écrémé, régler l'affluence de la vapeur; mais, comme la chaleur du lait peut varier, on doit commencer par une température un peu supérieure à celle moyenne nécessaire. On considère généralement que 60° c. sont suffisants, mais pour être plus certain que toute la masse du lait aura au moins cette température, on va jusqu'à 80 degrés. Un seul appareil peut chauffer 1,500 litres de lait à cette température; mais si l'on veut atteindre une température supérieure, environ le point d'ébullition, la quantité que l'on veut chauffer diminue considérablement.

CHAPITRE VIII

BARATTAGE

Théorie du Barattage. — La crème étant obtenue, il faut la transformer en beurre. On y arrive au moyen de barattage; grâce au mouvement lent et régulier ainsi obtenu, les globules de beurre se collent, se rassemblent et forment une masse compacte. Le liquide dans lequel nage alors le beurre est presque incolore, c'est le *lait de beurre* ou *babeurre* qui renferme encore souvent un quart du poids du beurre qui a échappé à l'agglomération.

Le barattage consiste donc à soumettre le liquide à des chocs multipliés. Cela même ne suffit pas. Il faut en outre, et M. Boussingault l'a montré le premier, que la température de la masse atteigne et ne dépasse pas un certain niveau.

Au-dessus, fait observer M. Duclaux, le barattage est interminable; au-dessous, il ne commence à aboutir que lorsque l'agitation communiquée au liquide et les frottements qui en sont la conséquence en ont ramené la température au degré voulu. Même en se mettant dans les conditions les plus favorables, il faut encore d'un quart d'heure à vingt minutes de chocs brusques et multipliés pour souder les globules gras et transformer plus ou moins complètement la crème en beurre [1].

1. E. Duclaux. *Le lait. Études chim. et microbiologiques*, 1887.

Température du barattage. — Nous venons de voir que la température du barattage a une grande importance. En effet, si elle est trop basse, les globules butyreux n'ayant plus assez de plasticité ne peuvent se souder. Si elle est trop haute, la matière grasse étant trop liquide, les globules une fois agglomérés se séparent de nouveau. Il faut donc une température moyenne où tout s'équilibre. Cette température ne peut être *rigoureusement* fixée, car elle varie avec le modèle de baratte employé, avec ses dimensions, le degré d'agitation qu'elle communique au liquide, la vitesse qu'on lui imprime, etc. Enfin elle varie encore suivant la nature du lait.

Toutefois, on sera bien près de la vérité en admettant comme températures pour le barattage les chiffres qui suivent :

En été, de 12 à 13 degrés Centigrades ;
En hiver, de 15 à 16 — —

et quelle que soit la température (comprise dans celles qui viennent d'être indiquées,) à laquelle on opère, elle ne doit pas, autant que possible, varier pendant toute la durée du barattage.

Avant d'être barattée, la crème doit être refroidie, pour cela le moyen le plus simple est de plonger dans l'eau la boîte à crème, on l'y laisse jusqu'au moment du barattage, qui doit avoir lieu environ vingt-quatre heures après l'écrémage.

Puis la crème est introduite dans la baratte.

Barattes. — Il existe une infinité de barattes. Nous ne décrirons que les principales. D'une manière générale, l'agitation produite est d'autant plus efficace qu'elle donne plus de chocs et divise davantage la crème. On peut faire du beurre en toutes saisons dans des barattes convenablement établies *et en opérant à une température convenable.*

Une baratte quelle qu'elle puisse être se compose, toujours de deux parties essentielles :

1° D'un récipient destiné à contenir le liquide, crème ou lait, il est tantôt fixe, tantôt mobile; sa forme est très variable;

2° D'un agitateur fonctionnant soit par refoulement du haut en bas , soit par rotation.

Les petites barattes sont mises en mouvement par la main; lorsque leur capacité dépasse certaines limites, on les actionne par les animaux, l'eau, le vent ou la vapeur.

Conditions que doit remplir une bonne baratte. — Quel que soit le système, une baratte est bonne lorsqu'elle remplît les conditions suivantes :

1° Grande facilité de nettoyage;

2° Extraction de la presque totalité du beurre contenu dans une quantité déterminée de crème;

3° Solidité, simplicité de construction.

En outre, on demandera à une baratte de satisfaire aux conditions suivantes :

Agitation rapide, d'un seul sens, mais avec *arrêts* ou agitations en sens opposés;

Division du liquide par une forme convenable des agitateurs;

Conservation de la température précédemment indiquée par l'emploi d'une enveloppe d'eau chaude ou d'eau froide ou de quelque autre moyen;

Introduction de l'air poussé rapidement au travers du liquide.

Description des principaux systèmes de barattes. — Nous ne parlerons que des plus importantes en commençant par les plus simples :

Le type primitif est la *baratte à piston* ou bat-beurre.

L'agitateur est un piston d'un diamètre un peu moindre que celui du récipient, ce piston est percé de trous. Avec cet instrument, le barattage est long et fatiguant.

Dans quelques fermes de la Bretagne, où la baratte est employée, le récipient, au lieu d'être en bois, est en grès ou en terre cuite.

La *baratte Savary* est la baratte à piston ou bretonne perfectionnée. Dans cet instrument, on fait mouvoir le piston à l'aide d'une manivelle et d'un système d'engrenage. Elle est très facile à nettoyer.

Dans les grandes fermes d'Ille-et-Vilaine, fait remarquer M. Pouriau, où l'on bat jusqu'à 180 et même 200 litres de liquide à la fois, le piston de la baratte est mis en mouvement par un manège mû par un cheval.

Les fermiers qui produisent le beurre si renommé de la Prévalaie, aux environs de Rennes, font usage de barattes à piston.

Leur principal avantage est la facilité de nettoyage.

La *baratte-tonneau* se compose d'un tonneau cerclé en fer, dont l'intérieur est garni de planchettes en saillie, faisant l'office de contre-batteurs, elles sont distantes des douves de cinq centimètres environ, ce tonneau, monté sur un chevalet, est mis en mouvement au moyen d'une manivelle.

Cette baratte est assez commune en Normandie, en Picardie, en Flandre.

La *baratte-meule* ne diffère de la baratte-tonneau que parce qu'elle est étroite et d'un grand diamètre, ce qui lui donne la forme d'une meule.

Cet instrument est commode pour les petites laiteries, elle est d'un nettoyage facile. La baratte-meule est très employée en Suisse et dans l'Italie septentrionale.

La *baratte-rotative* que représente la figure 41,

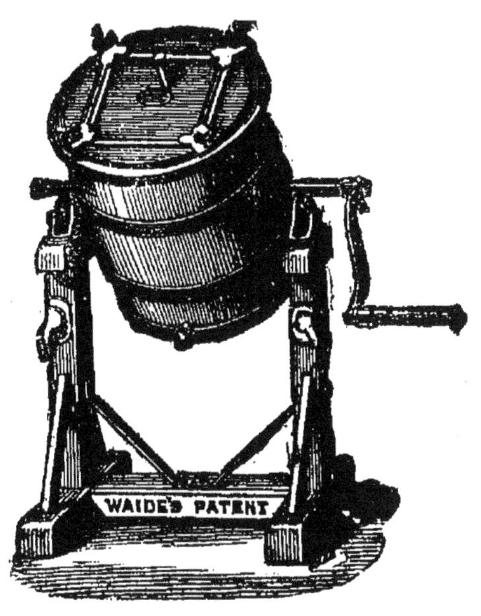

Fig. 41. — Baratte rotative.

renferme trois batteurs qu'on enlève facilement,

elle a une grande ouverture permettant un nettoyage facile; cette fermeture est hermétique. Une petite soupape, placée à côté du couvercle, sert à laisser échapper les gaz qui se forment pendant le barattage.

La *baratte Houdaille*, destinée surtout à faire le beurre sur une table au moment de le servir, se compose, dit M. Granvoinnet, d'un vase en verre, dans lequel tourne avec rapidité, d'un mouvement

Fig. 42. — Baratte américaine berceuse.

alternatif, un agitateur convenablement évidé et en forme de lyre. Le mouvement circulaire alternatif est donné à l'agitateur à l'aide d'un archet semblable à celui employé par les serruriers pour faire mouvoir leurs *forets*. Avec ce système de baratte, on opère très rapidement, car le changement de sens dans la rotation fait éprouver au liquide des chocs très énergiques [1].

La *baratte américaine berceuse*, représentée

1. Granvoinnet. *Encyclopédie pratique de l'Agriculture,* par Moll et Gayot, tome III, art. *Baratte.*

figure 42, est d'une extrême simplicité, le mouvement et le nettoyage sont très faciles car il n'y a aucun batteur intérieur.

La *baratte danoise* (fig. 43) se nettoie facilement à cause de sa grande ouverture qui permet en hiver le réchauffement de la crème par l'immersion d'un vase plein d'eau chaude. Cette large ouverture permet aussi de surveiller la prise du beurre, ainsi que la température de la crème, sans interrompre le barattage. M. Pilter, à Paris, construit des barattes

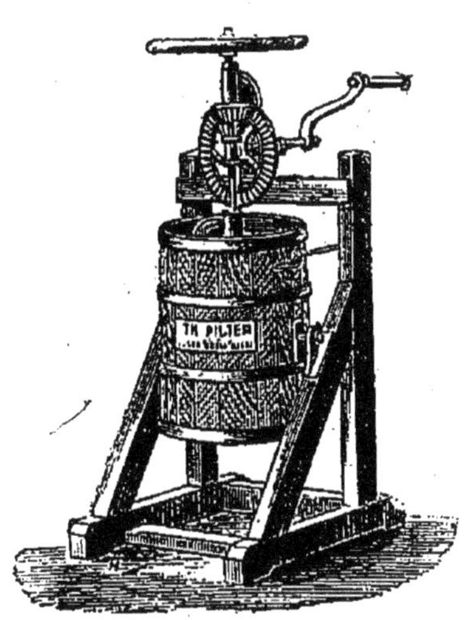

Fig. 43. — Baratte danoise.

danoises à bras, et d'autres de plus grandes dimentions à manège ou à vapeur (fig. 44).

La *baratte américaine* (fig. 45) convient très bien aux petites exploitations. Le batteur, construit comme dans lès barattes danoises, permet d'obtenir du beurre de qualité supérieure. Elle est en bois de cèdre blanc. Le nettoyage est facilité par un couvercle mobile d'une grandeur qui permet de retirer le batteur.

La *baratte atmosphérique* est une baratte verti-

Fig. 44. — Baratte danoise à vapeur.

cale, elle présente quelque analogie avec la baratte à piston.

Le récipient est un cylindre en fer étamé. L'agitateur consiste en un piston dont le disque est percé de trous et le manche creux dans toute sa longueur. De plus, ce manche est fermé à son extrémité supérieure par un bouchon muni inférieurement d'une soupape en caoutchouc qui s'ouvre de haut en bas.

Le récipient étant rempli de lait jusqu'aux deux

Fig. 45. — Baratte américaine.

tiers de sa hauteur, on y introduit le piston et l'on pose le couvercle, lequel est percé au centre.

Quand le piston monte, la soupape s'ouvre, l'air extérieur pénètre dans le manche creux et se répand dans le liquide. Quand il descend, l'air introduit ferme la soupape, passe par les trous du disque et traverse le lait, qu'il agite et brasse dans tous les sens (Maigne).

La baratte atmosphérique s'applique à la crème ou au lait indistinctement.

La *baratte Van Hecke* est basée sur ce principe que le barattage se faisant le mieux à 12 degrés il est toujours difficile d'amener la crème à la température voulue et encore plus difficile de l'y maintenir; pour arriver à ce résultat, M. Van Hecke a construit une double enveloppe en métal étamé, l'eau entre par l'entonnoir (fig. 46), circule en serpentins entre les deux parois et après avoir fait le tour de l'appa-

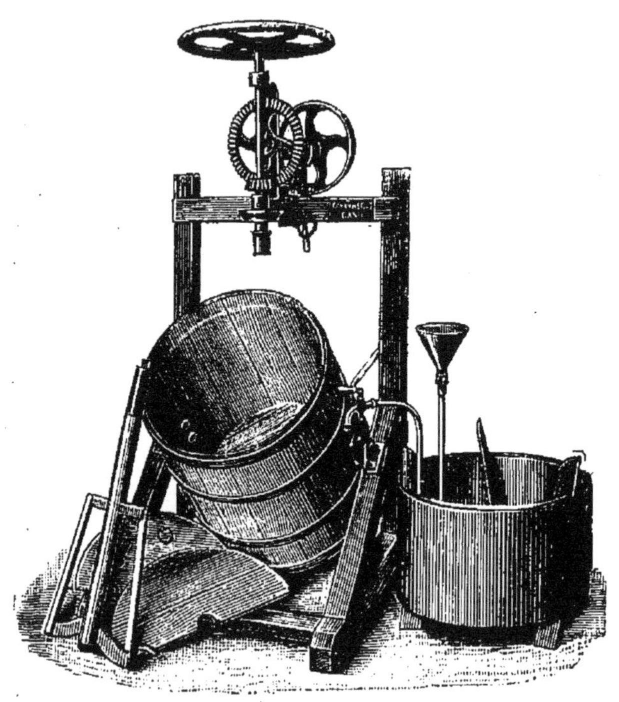

Fig. 46. — Baratte Van Hecke.

reil, ressort par le tube courbé, muni d'un robinet pour régler l'écoulement.

Les contre-batteurs en bois sont remplacés par d'autres en fer étamé, attachés à l'appareil.

La figure 46 représente une baratte Van Hecke avec appareil à tempérer, entièrement démontée.

La *baratte Valcourt* date de 1815, Mathieu de Dombasle l'adopta un des premiers à Roville.

La baratte, une fois assujettie dans son baquet, on introduit les ailes de l'agitateur dans l'arbre. On verse la crème dans la baratte par l'orifice O (fig. 47) jusqu'au centre du cylindre, on met dans le baquet de l'eau fraîche ou tiède. Après l'opération, on retire de la baratte l'agitateur et son arbre, ce qui permet

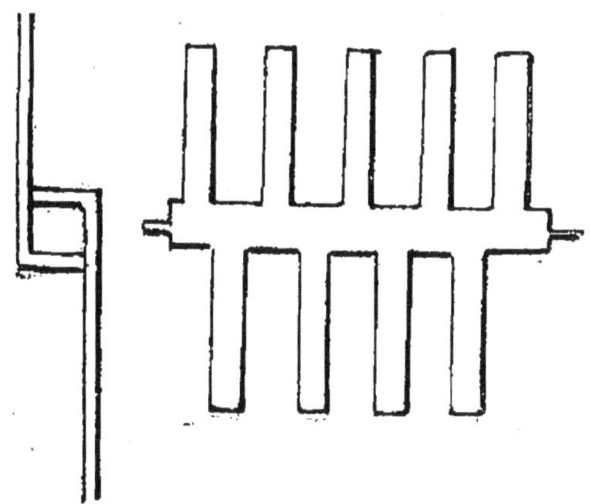

Fig. 47. — Baratte Valcourt.

d'enlever facilement le beurre et de procéder au nettoyage complet de l'instrument.

La baratte Girard a quelque analogie avec la précédente. Elle est en fer battu; le récipient demi-cylindrique est enfermé jusqu'au milieu de sa hauteur dans une espèce de cuvette qui est destinée au même usage que le baquet de la baratte Valcourt. Il est muni d'un robinet pour la sortie du lait de beurre, et l'orifice qui amène à ce robinet est garni d'une petite grille pour arrêter au passage les particules de beurre entraînées par le liquide. Enfin, l'ouverture qui sert à introduire la matière à baratter et à extraire le beurre occupe toute la partie supérieure de l'appareil; elle est fermée par un couvercle percé de trous pour le dégagement des gaz.

L'agitateur se compose de deux ailettes ou batteurs, percés de trous allongés, mis en mouvement par une manivelle montée à l'une des extrémités de son arbre, mais par l'intermédiaire d'une roue dentée et d'un pignon. En outre, l'action de ces ailettes est rendue plus énergique par une barre de fer battu adaptée horizontalement à l'un des côtés du récipient.

On maintient la crème à la température convenable en versant de l'eau dans la cuvette; le couvercle étant fermé, on imprime à la manivelle une vitesse de rotation de 75 à 100 tours par minute.

La *baratte La Ménagère,* construite par M. Van Hecke, est en métal étamé (fig. 48). Pour le nettoyage, les batteurs en bois s'enlèvent facilement par le trou du couvercle qui a toute la longueur de l'appareil.

Le pied ou socle forme un réservoir, dans lequel on verse de l'eau chaude ou de l'eau froide suivant la saison pour ramener la crème à la température la plus favorable au battage, soit 12 à 14 degrés. Généralement en 15 ou 20 minutes le beurre est fait.

La *barate Fouju* ou baratte polyédrique se rapproche un peu, par son aspect extérieur, de la baratte à meule, mais elle en diffère essentiellement par son principe. Les globules butyreux y obéissent, en effet, à la force contripète et s'y agglutinent rapidement, tandis que dans la précédente, ils obéissent à la force centrifuge et se poursuivent, ce qui retarde notablement leur réunion.

Le récipient de cette baratte est une caisse octo-

Fig. 48. — Baratte La Ménagère.

gonale en bois que l'on remplit de liquide jusqu'à la moitié de sa hauteur.

Comme les autres appareils analogues, il est muni de deux ouvertures : l'une pour l'introduction du liquide et la sortie du beurre ; l'autre, beaucoup plus étroite, pour le dégagement des gaz au commencement du battage et l'expulsion du lait de beurre.

L'agitateur consiste en une planche ayant la même largeur que le récipient, et percé de deux rangs de fentes qui lui donnent l'apparence d'une grille. Cette planche est munie, à l'une de ses extrémités, d'une petite passoire en fer blanc. Quand le récipient a reçu sa charge de liquide, on y introduit l'agitateur par la même ouverture que celui-ci, en le faisant glisser dans deux rainures latérales, et les choses sont disposées de telle sorte que, lorsqu'il est en place, la passoire ferme la petite ouverture des gaz et du lait de beurre. Cette passoire est destinée à

Fig. 49. — Baratte Chapellier.

retenir les particules de beurre que ce dernier pourrait entraîner.

La baratte polyédrique se place sur un chevalet, elle est mise en mouvement par un arbre central et une manivelle.

Elle passe pour une des meilleures, toutefois on peut lui faire un reproche : En raison même de sa forme polyédrique, son nettoyage n'est pas des plus faciles.

La *baratte Chapellier* (fig. 49) est également polyédrique ; elle n'a ni ribot, ni batteur intérieur, le beurre s'obtient au moyen de la rotation.

Le récipient porte trois ouvertures : l'une de forme elliptique, pour l'introduction du liquide ; l'autre circulaire pour le dégagement des gaz et la sortie du petit lait, la troisième renferme un tube en métal étamé contenant de l'eau chaude ou de l'eau froide suivant le degré de température intérieure.

Le récipient renferme, en outre, un thermomètre qui indique la température convenable. Celle-ci étant atteinte, on enlève le thermomètre et le cylindre d'eau, on ferme les deux ouvertures et l'on met la

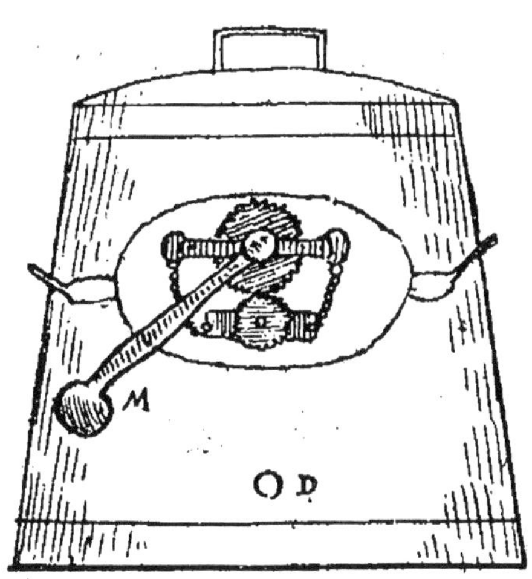

Fig. 50. — Baratte Pouriau

baratte en mouvement à raison de 50 à 60 tours par minute.

La baratte Chapellier ne doit être qu'à moitié

pleine de liquide ; elle donne le beurre, en été comme en hiver, en 15 ou 20 minutes, suivant la qualité du lait ou de la crème.

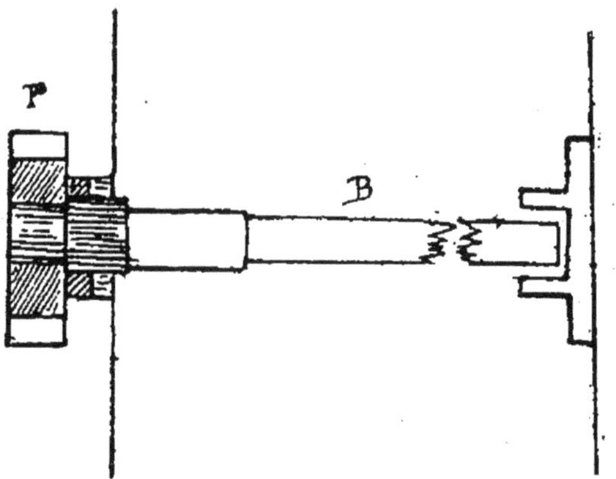

Fig. 51. — Baratte Pouriau.

La *baratte Pouriau* ou baratte calfeutrée repose sur un principe nouveau, celui de l'application de la mauvaise conductibilité du *feutre* au maintien de

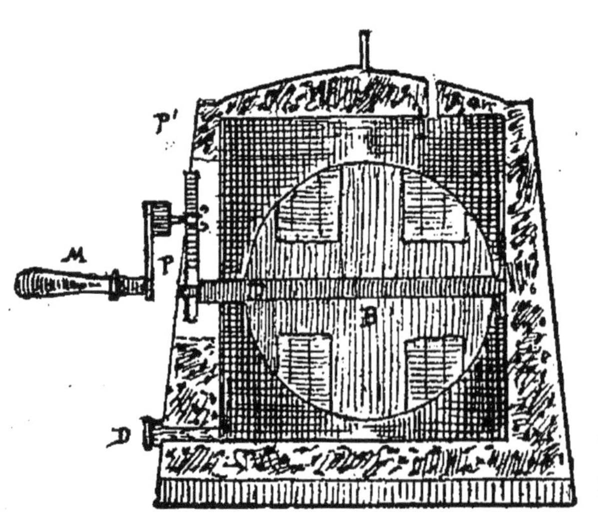

Fig. 52. — Baratte Pouriau (coupe).

la crème ou du lait à une température constante pendant toute la durée du battage (fig. 50, 51 et 52).

Cet instrument, tout entier en fer étamé, est à double enveloppe comme le couvercle lui-même, et l'intervalle laissé libre est garni de bourre de *feutre* destinée à empêcher l'air extérieur de refroidir ou de réchauffer le liquide intérieur, suivant la saison.

L'arbre B porte, à son extrémité extérieure, le pignon P, il s'enfile dans un trou carré et longitudinal de l'agitateur circulaire A, composé de quatre palettes percées d'ouvertures rectangulaires.

Une fois le pignon P engrené avec la roue P', on fixe l'obturateur à l'aide de deux clavettes munies de chaînettes et il suffit alors de tourner la manivelle pour mettre l'agitateur en mouvement.

Pour opérer le barattage dans les meilleures conditions, il suffit, s'il s'agit de battre de la crème douce, d'amener ce liquide à avoir, dans la baratte, une température comprise entre 13 et 14 degrés. A cet effet, on place préalablement le vase qui contient la crème à baratter dans un baquet ou un seau. On verse dans ce récipient extérieur de l'eau froide ou tiède, suivant la saison.

On plonge un thermomètre à alcool dans la crème en même temps que l'on agite celle-ci avec une spatule, et l'on attend l'instant où la température de cette crème est de 11 à 12 degrés en été; 15 à 16 degrés en hiver; on transvase alors la crème dans la baratte, que l'on remplit jusqu'à la naissance de l'axe; on remet le couvercle et on procède au barattage, qui dure ordinairement de quinze à vingt minutes au plus.

La vitesse de rotation de la manivelle ne doit pas

dépasser soixante tours par minute en hiver et cinquante à cinquante-cinq en été (Pouriau).

La baratte *calfeutrée*, par sa forme, a une grande stabilité, la facilité avec laquelle on peut enlever l'arbre et l'agitateur, en retirant simplement les deux clavettes, permet le nettoyage parfait de toutes les parties de l'instrument.

Le délaitage du beurre s'effectue dans la baratte même. Cet instrument convient au barattage du lait comme à celui de la crème ; mais, dans le premier cas, il convient de porter préalablement le lait à baratter à une température de 20 degrés en hiver, 18 degrés en été, et d'imprimer à la manivelle une vitesse de soixante-dix à quatre-vingts tours par minute, suivant la saison.

Barattage du lait. — Deux méthodes sont en présence en ce qui concerne le barattage du lait :

1° Barattage du lait doux ;

2° Barattage du lait sûr.

Le premier procédé consiste à battre le lait presque aussitôt après la traite ; il est assez répandu en Belgique et en Allemagne, toutefois il tend à disparaître depuis que l'invention des écrémeuses centrifuges est venue permettre la séparation très rapide de la crème du lait tout en maintenant ce dernier entièrement doux.

Le barattage du lait doux, comme le fait remarquer M. Maigne, a trois avantages et trois inconvénients.

Avantages :

1° Économie du local, du temps et des ustensiles

qu'exigent la montée de la crème et l'écrémage ;

2° Production d'un beurre plus fin, puisqu'il est extrait d'un lait qui n'a pas eu le temps d'éprouver la moindre altération ;

3° Production d'un lait de beurre qui a presque toutes les propriétés du lait doux et qui peut être consommé avantageusement par les hommes aussi bien que par les animaux.

Inconvénients :

1° Force motrice plus considérable pour faire marcher les barattes, puisqu'on opère sur une plus grande masse de liquide ;

2° Perte d'une quantité notable de beurre, qui reste dans le lait de beurre, et qui est d'autant plus grande que le barattage est plus rapproché de la traite.

3° Impossibilité de conserver longtemps le beurre frais.

Quant au procédé de barattage du lait sûr, il consiste à ne baratter le lait que lorsqu'il est caillé en totalité ou en partie.

Par ce procédé, on ne peut jamais obtenir que du beurre de qualité inférieure.

CHAPITRE IX

DÉLAITAGE ET MALAXAGE DU BEURRE

Délaitage. — Le beurre, tel qu'il sort de la baratte, renferme environ 1/4 de son poids de sérum, de caséine, etc., dont il faut le débarrasser.

A ce propos, il convient de faire remarquer que, dans la fabrication du beurre, plus on opère sur de grandes quantités, plus la formation du beurre est facile, et meilleure est sa qualité. Ceci est dû à ce que le beurre, préparé en grand, retient moins d'eau et de caséine que celui qui est préparé en petit. Voici, d'après M. Morière, la composition de deux beurres qui montre bien la véracité de ce principe.

	BEURRE FAIT EN GRAND	BEURRE FAIT EN PETIT
Beurre pur. .	77.50	74.00
Caséine . . .	1.60	4.00
Sérum . . .	20.90	22.00
TOTAUX. .	100.00	100.00

Lorsqu'on le retire de la baratte, le beurre laisse suinter des gouttelettes blanchâtres formées d'eau tenant en dissolution de la caséine, des sels et du sucre de lait, c'est du *lait de beurre* qu'il faut enlever. Le délaitage peut se faire à l'eau ou à sec.

Dans le premier cas, on pétrit le beurre dans l'eau, soit avec les mains, soit, ce qui est bien préférable, avec des spatules en bois (fig. 53).

Souvent on procède au délaitage à l'eau dans la baratte même, pour cela, on y introduit de l'eau fraîche, ou plutôt glacée, on met la baratte en mou-

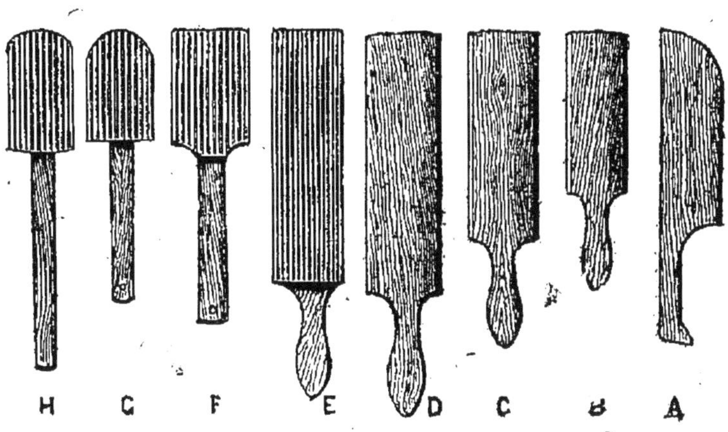

Fig. 53. — Spatules à beurre.

vement et on renouvelle l'eau jusqu'à ce qu'elle coule claire et limpide.

Quelquefois encore on effectue un premier délaitage dans la baratte comme il vient d'être dit, et on achève cette opération en pétrissant le beurre dans une auge en bois (fig. 54) contenant de la glace ou de l'eau très froide.

Toutefois le délaitage ne doit pas être poussé trop loin, car le beurre trop lavé perd de son parfum.

Le délaitage à sec, c'est-à-dire sans eau, a précisément pour objet d'éviter cet inconvénient. De plus, il assure au beurre une conservation beaucoup plus longue.

C'est le procédé qu'on suit en Bretagne. Il consiste à déposer le beurre dans une terrine ou un plat, et à le pétrir avec une spatule ou un rouleau, en vidant de temps à autre le liquide qui en sort. Cette opération, en apparence si simple, exige, pour

Fig. 54. — Auge à beurre.

être bien exécutée, une certaine habitude, car le beurre qui retient encore du petit lait s'altère rapidement, et celui qui a été trop fatigué devient gluant et visqueux.

Délaitage centrifuge. — Quel que soit le procédé de délaitage employé, soit que le beurre soit lavé à plusieurs reprises dans la baratte, soit qu'il soit délaité au moyen de manipulations précédant le malaxage, il arrive toujours que, pour amener le beurre dans des conditions telles qu'une fois la mise en pains il ne contienne plus aucune trace d'eau ou de lait, il arrive, disons-nous, que ce résultat indispensable n'est quelquefois obtenu qu'au moyen de manipulations très longues et très fatigantes qui exigent, de la part des personnes qui les exécutent, une certaine force et un temps assez long, ce qui a alors l'inconvénient d'échauffer le beurre et de le fatiguer, d'en changer son état moléculaire et d'altérer souvent ses qualités de finesse, d'arome et de longue conservation. Or, ce lavage à l'eau, ainsi que l'extraction immédiate du lait se font beaucoup plus simplement avec la délaiteuse centrifuge (fig. 51), par laquelle la séparation a lieu sans aucune manipulation ni pression.

Aussitôt que dans la baratte on a le beurre granulé, on le recueille à l'aide d'un tamis et on le verse dans un sac en toile dont le tour supérieur est attaché à un cercle métallique : la plus grande partie du petit lait s'écoule dans ce filtre que l'on place aussitôt dans la délaiteuse, qui fait de 700 à 800 tours par minute. Tout le petit lait achève de s'échapper; le beurre reste pur, attaché, sous forme d'un ruban, contre les parois du sac : l'opération est faite en trois ou quatre minutes. Le ruban de beurre formé se détache sans aucune difficulté avec une spatule; le beurre, placé sur la table à malaxer, est réuni en quelques instants en une pâte bien compacte et homogène. On fait ensuite très vite la motte habituelle sans que la main ait touché le beurre.

Avec ce procédé, le beurre n'est donc jamais fatigué.

Pendant qu'un sac est dans la turbine, on en prépare un autre pour remplacer le premier. Le travail n'est alors jamais interrompu.

On peut faire passer à la délaiteuse, de 95 à 100 kilogrammes par heure.

Ce travail n'exige pas plus d'un cheval de force.

Par les grandes chaleurs, il arrive que le beurre, étant trop mou, ne peut être délaité comme il vient d'être dit; il est alors indispensable de le laver à l'eau froide, comme cela se pratique couramment en Normandie, et, une fois lavé, et par conséquent refroidi et surtout raffermi, quelques tours de délaiteuse et ensuite de malaxeur suffisent pour lui enlever les dernières traces de l'eau de lavage et conséquemment lui donner une pâte ferme et exempte de pores.

Le prix de la délaiteuse centrifuge est de 650 francs.

Malaxeurs ou machines à pétrir le beurre. — Les malaxeurs ou pétrisseurs ont pour but de donner au beurre de l'homogénéité, d'éviter les pores dans la masse et de le débarrasser définitivement du lait ou de l'eau qui ont pu échapper au délaitage.

Le malaxage à la main n'est plus guère employé aujourd'hui, on préfère les malaxeurs mécaniques qui consistent en une table sur laquelle se meut un rouleau.

Il y en a un grand nombre de systèmes. Toutefois, quel qu'il soit, un bon malaxeur doit satisfaire aux deux conditions suivantes :

1° L'écartement entre la table tournante et le rouleau doit pouvoir augmenter ou diminuer;

2° Pour la stabilité du système, le mouvement de la table doit être guidé par des galets.

La plupart des malaxeurs sont en bois : érable, hêtre ou acacia. Il est difficile d'établir la supériorité d'une essence sur l'autre.

Les malaxeurs servent également à colorer et à

saler le beurre, opérations dont il est question plus loin.

Il existe des malaxeurs plats et des malaxeurs rotatifs, les uns et les autres sont de grandeur variable, suivant les quantités de beurre à traiter.

Sur les *malaxeurs plats*, le beurre est passé un morceau à la fois. La figure 55 montre un de ces malaxeurs.

Ces malaxeurs se recommandent surtout aux

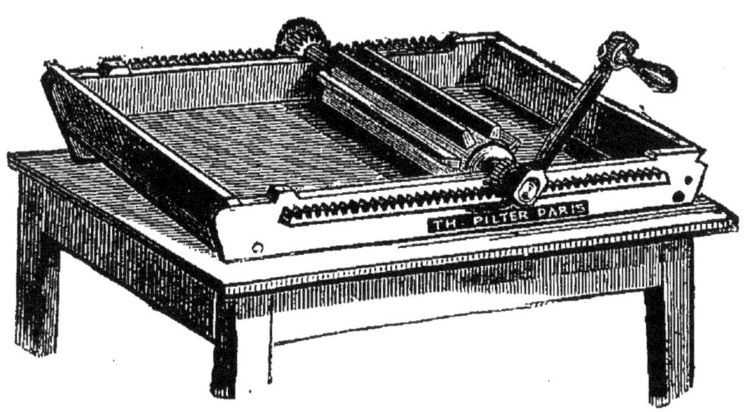

Fig. 55. — Malaxeur plat.

petites laiteries et aux ménages où l'on n'a que de petites quantités de beurre à faire. La table s'appuie contre la baratte ou contre un baquet qui recevra le lait de beurre. Le beurre à malaxer étant mis sur cette table, on donne au rouleau cannelé un mouvement de va-et-vient, en ayant soin de presser fortement. On retourne le beurre au moyen d'une spatule et on répète l'opération aussi longtemps qu'il est nécessaire.

Avec le malaxeur rotatif, on passe deux morceaux de beurre à la fois, de manière que l'un se trouve malaxé tandis que celui qui vient de l'être est relevé en cône avec les spatules, et ce cône est présenté de nouveau au malaxage, la pointe la première, et ainsi de suite jusqu'à la fin de l'opération.

Le malaxeur rotatif (fig. 56) consiste en une table

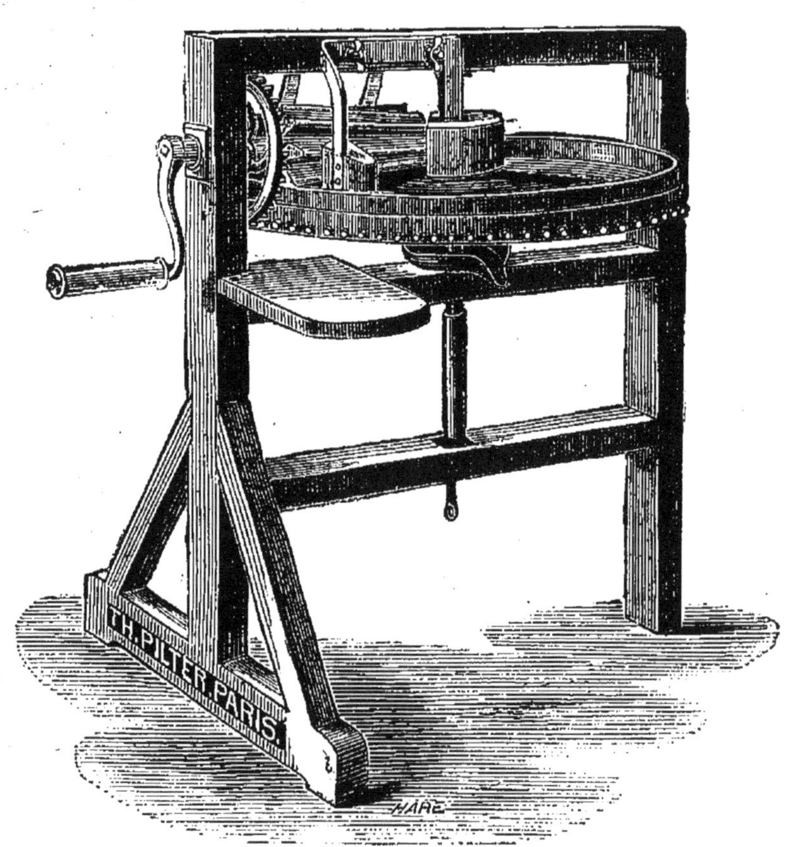

Fig. 56. — Malaxeur rotatif.

circulaire généralement en hêtre, tournant sur son axe sous l'action d'une manivelle engrenant une couronne dentée fixée sur la circonférence de la table, en même temps que cette manivelle agit sur un levier à ailettes fixé sur la table. Le beurre, sous l'action des ailettes, est comprimé et aplati en même temps que le petit lait, qui a pu échapper au délaitage, sort et tombe par une gouttière dans un seau placé sous la table. C'est grâce à cet appareil qu'on peut donner au beurre les qualités tant désirées des gourmets, c'est-à-dire l'absence de pores, de gouttelettes d'eau ou de lait et de l'homogénéité.

Par les grandes chaleurs, le beurre se ramollit rapidement par le malaxage, aussi est-il parfois nécessaire de suspendre quelques instants cette opération pour la reprendre après un repos plus ou moins long dans un endroit frais.

En tout cas, l'emploi du malaxeur exige que le beurre soit suffisamment ferme, c'est-à-dire à une température voisine de 13 degrés.

Il va sans dire qu'on ne se servira jamais du malaxeur, comme de tous les instruments en bois d'ailleurs, sans l'avoir préalablement passé à l'eau chaude, et aussitôt ensuite à l'eau froide.

Coloration du beurre. — En hiver, il est rare qu'on obtienne du beurre jaune; généralement, les vaches ne consommant que des fourrages secs, le beurre est moins bon et d'un jaune très pâle, presque blanc.

Le commerce repousse ces beurres, il faut donc lui fournir des beurres colorés artificiellement. Cette opération, cela va sans dire, doit être faite avec des substances qui n'altèrent ni la qualité du produit, ni la santé du consommateur.

Les substances les plus communément employées

sont : le jus de carotte, les fleurs de souci, le curcuma, le rocou, le safran.

Le *jus de carotte* est obtenu en râpant les carottes

Fig. 57. — Pétrisseuse.

dont on presse la pulpe dans un linge; toutefois, le jus ainsi obtenu a un pouvoir colorant assez faible qui oblige à en employer de trop fortes quantités.

On préfère les *fleurs de souci* des jardins (*Calendula officinalis*) dont la substance colorante est très soluble dans les corps gras.

Pour obtenir ce colorant, on prend les pétales des

fleurs qu'on place dans un pot de grès par lits placés entre deux couches de sel; celui-ci se dissout, les membranes se détruisent et on obtient une liqueur

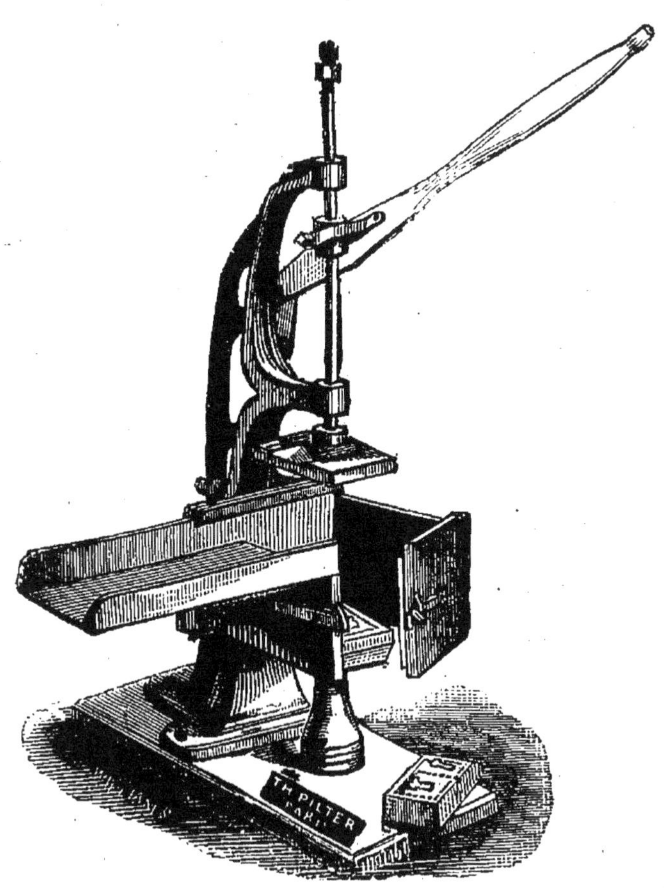

Fig. 58. — Presse à beurre.

épaisse, appelée *merliton*, qui ne doit être employée que cinq ou six mois après.

Le *Curcuma* est la tige souterraine du souchet du Malabar (*Curcuma tinctoria*) elle donne une matière colorante soluble dans les huiles.

Le *Rocou* est une pulpe gluante qui entoure les graines du rocouyer, arbuste de l'Amérique du

Sud. On trouve cette pâte dans le commerce, elle est très soluble dans les huiles et donne alors un liquide d'un beau jaune orangé.

Les stigmates du *Safran* (*Crocus sativus*) dissoutes dans l'alcool donnent une belle teinture jaune; on lui reproche de communiquer au beurre un goût qui ne plaît pas à tout le monde.

Les colorants liquides qu'on peut ajouter à la crème avant ou pendant le barattage, doivent être préférés aux colorants pâteux qu'on ne peut incorporer que par le malaxage et qui ont le grave inconvénient de donner des beurres marbrés.

Presse à beurre. — Les négociants en beurre sont parfois obligés de relaver et mélanger des beurres de provenances diverses, de couleurs et de goût différents. Ils se servent pour cela d'un instrument appelé *Pétrisseuse-relaveuse* (fig. 57). C'est une presse tout en métal. Au moyen de la pression

Fig. 59. — Moules à beurre.

exercée par la vis, le beurre sort en forme de fils très minces par les petits trous qu'on voit au bas du cylindre, et tombe dans un baquet rempli d'eau fraîche placé au-dessous.

Les presses à beurre proprement dites servent à faire des pains d'un poids rigoureusement exact, bien plus rapidement qu'avec la balance.

La plus communément employée est la presse anglaise (fig. 58) qui permet de régler le poids qu'on désire en déplaçant l'écrou qui se trouve en haut de la tige.

Dans quelques beurreries opérant sur de petites quantités, on se sert simplement de moules ou formes à beurre rondes, oblongues ou en forme de coquille (fig. 59, 60).

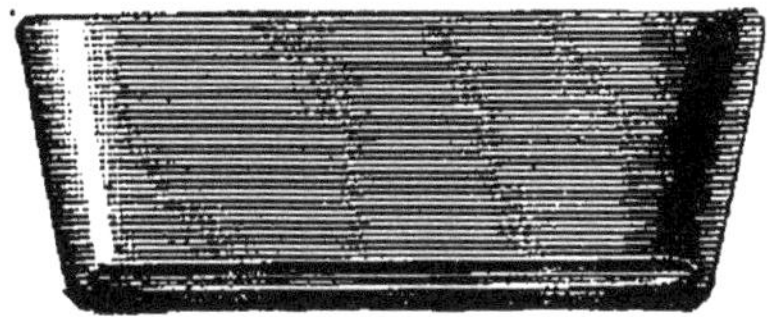

Fig. 60. — Moule à beurre.

CHAPITRE X

CONSERVATION DU BEURRE

Altérations naturelles. — Une fois exposé à l'air, le beurre s'altère avec facilité, et d'autant plus rapidement qu'il a été moins bien délaité et que la température est plus chaude. L'altération commence à la surface, le beurre prend une coloration plus foncée et dégage une odeur repoussante (beurre rance). Cette altération est due à l'action de ferments qui provoquent d'abord la formation d'acide lactique, puis les principes du beurre se transforment en acide caprique ou caproïque et surtout en acide butyrique qui donne au beurre son odeur repoussante. Sous cet état, le beurre constitue un aliment dangereux, car les acides qu'il renferme peuvent agir sur les vases métalliques et provoquer leur oxydation.

Quand l'altération n'en est qu'à son début, on peut y obvier en *rhabillant* le beurre. Pour cela, on lave le beurre avec de l'eau de chaux qui neutralise les acides puis on lave et on pétrit avec de l'eau bien fraîche; enfin on termine par un pétrissage avec 15 ou 20 p. 100 de lait frais.

On peut remplacer l'eau de chaux par une eau tenant en dissolution environ 5 grammes de cristaux de soude pour 100 grammes de beurre à rajeunir.

Toutefois, à notre avis, l'eau de chaux est préférable.

Procédés de conservation. — Il vaut mieux prendre des précautions pour assurer la conservation du beurre, plusieurs procédés sont en usage, les principaux sont :

1° Les procédés chimiques;
2° L'immersion dans l'eau;
3° Procédé par fusion;
4° Salaison.

Procédés chimiques. — Ils sont assez nombreux; voici les principaux :

Le procédé Anderson, qui date de 1705, consiste à pétrir le beurre frais avec un seizième de son poids du mélange suivant :

Sel	2 parties
Sucre	1 —
Nitre	1 —

puis on l'enferme dans un vase qu'il remplît complètement. Dans les premiers temps, le goût du beurre ainsi conservé est très désagréable, mais au bout de trois semaines environ, il devient au contraire très délicat.

Un autre procédé consiste à placer le beurre dans des vases hermétiquement clos, où il plonge dans un liquide formé de 3 grammes d'acide acétique pour un litre d'eau.

Le procédé Bréon, surtout appliqué en Angleterre, est semblable au précédent, mais le beurre plonge dans un mélange de :

Bicarbonate de soude . .	6 grammes.
Acide tartrique	6 —
Eau	1000 —

Les couvercles des boîtes sont soudés. — Il se produit ainsi de l'acide carbonique qui s'oppose au rancissement.

Immersion dans l'eau. — Dans les ménages, on conserve généralement le beurre frais, tout au moins pendant huit ou dix jours, en le tassant dans de petits vases en porcelaine, percés de trous et qu'on retourne dans une assiette profonde ou dans un autre vase plus grand renfermant de l'eau pure que l'on renouvelle chaque jour. Ces vases sont appelés *beurriers*.

Ou bien on peut encore conserver le beurre pendant quelques jours en l'immergeant dans de l'eau fraîche ou salée privée d'air par l'ébullition et qu'on renouvelle chaque jour.

Procédé par fusion. — Le beurre fondu est très employé surtout pour les besoins de la cuisine, car, conservé par ce procédé, le beurre ayant perdu de l'eau de la caséine et du sucre de lait, n'a plus la finesse et le bon goût du beurre frais. La fusion du beurre doit se faire à une température aussi peu élevée que possible, sous peine de lui communiquer une saveur âcre et désagréable. Le mieux, fait observer M. E. Bouant, est d'opérer la fusion au bain-marie, à une température inférieure à 90 degrés. On maintient assez longtemps le liquide à cette température pour permettre à l'eau et aux matières albuminoïdes qu'il contient de se séparer; l'air et l'eau se dégageant, cette dernière en vapeur, arrivent à la surface des matières caséeuses coagulées par la chaleur; on les enlève avec une écumoire. Le surplus des principes azotés se dépose au fond du vase, on les sépare par décantation. Le beurre liquide est reçu dans des vases en faïence; aussitôt qu'il est figé, on le recouvre d'une couche de sel, puis on ferme hermétiquement. Le beurre fondu se conserve pendant une année sans altération [1].

Salaison du beurre. — Ce procédé est aussi très général, mais, comme le précédent, il fait perdre de ses qualités au beurre, moins cependant que la fusion. Il est surtout appliqué dans l'Ouest et en Angleterre. Dans le Nord de la France, le Pas-de-Calais notamment, on ajoute toujours du sel au beurre, mais en plus ou moins grande quantité.

Pour préparer le véritable beurre salé, voici, d'après M. E. Delarue, comment on procède : on lave le beurre à l'eau fraîche, jusqu'à ce que toutes les parties laiteuses aient disparu, mais alors la saveur caractéristique du beurre, qui est une de ses principales qualités, a sensiblement diminué. Lorsqu'il est bien égoutté, on le pétrit avec soin avec 3 à 8 p. 100 de son poids de sel blanc et en poudre très fine.

On arrive également à un bon résultat, par le procédé suivant, que nous avons souvent employé : — on humecte, avec de l'eau froide, une planche ou une table, on étend sur cette table, au moyen d'un rouleau de bois également humecté, une couche de beurre d'un centimètre d'épaisseur, que l'on sau-

1. E. Bouant. *Nouveau dictionnaire de chimie*, p. 147. Art. *Beurre*.

poudre de sel; sur cette couche ainsi salée on étend une nouvelle couche de beurre et une nouvelle quantité de sel, on passe fortement le rouleau sur la masse, qu'on coupe en plusieurs morceaux qu'on étend de nouveau et qu'on presse avec le rouleau. Lorsque le mélange est aussi parfait que possible, on tasse le beurre avec soin dans des pots de grès neufs ou parfaitement nettoyés, de façon à éviter les vides où l'air pourrait se loger, puis on recouvre la surface du beurre ainsi tassé, d'une rondelle de linge clair, sur laquelle on place une couche de sel blanc, bien sec et dépassant un peu les bords. On recouvre le tout d'une toile serrée que l'on assujettit avec une ligature. Lorsqu'on entame un de ces pots, on commence par enlever la couche de sel, on prend le beurre avec soin par couches horizontales, puis on recouvre le tout d'eau fraîche.

Nous avons vu quelquefois ajouter au sel destiné à la salaison du beurre un quart de son poids de sucre; le beurre acquiert alors une saveur plus douce [1].

Par l'emploi des malaxeurs rotatifs on peut saler le beurre en même temps qu'on le pétrit.

Les beurres salés français les plus estimés sont désignés sous le nom de *beurres présalés*.

En Bretagne, où l'on fabrique pour la table et la cuisine, des beurres dits demi-sels, on sale la crème avant le battage.

Ce beurre demi-sel français, est originaire du

1. *Le Livre de la ferme et des maisons de campagne*, par Joigneaux. T. I, p. 686.

département d'Ille-et-Vilaine, de la ferme de La Prévalaye, qui, suivant la remarque de M. Armand Robinson, a donné son nom à cette variété qu'une foule de localités, Morlaix, Nantes, Rennes, Vannes, toute la Bretagne, livrent au commerce sous ce nom d'emprunt. L'Écosse et l'Irlande en produisent également; mais il est réservé pour le Royaume-Uni et ses colonies [1].

Le beurre demi-sel fin est expédié dans de petites balles carrées d'un kilogramme ou d'un demi-kilogramme, tapissées intérieurement d'un carré de toile fine, et dans lesquelles le beurre est tassé, foulé, puis recouvert à sa partie supérieure d'une légère couche de sel sur laquelle on vient replier le linge qui sert d'enveloppe, après quoi, on y fixe un carré de toile grossière pour le préserver définitivement.

1. A. Robinson. — *Les corps gras alimentaires.* Le lait, le beurre, les fromages.

CHAPITRE XI

CONSOMMATION ET COMMERCE DU BEURRE

Commerce du beurre en France. — M. Pouriau a publié, sur cet important sujet, un travail des plus complets dans le *Journal de l'Agriculture,* de décembre 1880 et janvier 1882; nous lui empruntons la plupart des données qui suivent :

Depuis 1876, époque où notre commerce d'exportation avait atteint une valeur maxima de près de 103 millions de francs, nos importations ont augmenté chaque année, tandis que nos exportations ont notablement diminué.

En 1879, notre commerce de beurre de toutes sortes, comparé à la moyenne de 1874-1878, a fourni les résultats suivants :

IMPORTATIONS.

	Augmentation.	
	Quantités.	Valeur.
	—	—
Beurres frais ou fondus.	1.130.000 kil.	2.796.000 fr.
Beurres salés.	704.000 —	1.598.000 —
TOTAUX. . .	1.834.000 —	4.394.000 —

EXPORTATIONS.

	Diminution.	
	Quantités.	Valeur.
	—	—
Beurres frais ou fondus.	960.000 kil.	3.560.000 fr.
Beurres salés.	7.930.000 —	20.560.000 —
Totaux. . .	8.890.000 —	24.120.000 —

Les pays qui, depuis quelques années nous envoient des quantités de beurres frais ou salés, de plus en plus considérables, sont : la Belgique, l'Italie, les Pays-Bas et l'Allemagne. Quant aux États-Unis, les beurres salés de ce pays ont fait irruption en France pour la première fois en 1879, et le chiffre d'importation, pour ladite année, 185,000 kilogrammes, ne laisse pas que d'être assez considérable.

En ce qui concerne l'exportation : la diminution de 8,890,000 kilogrammes a porté principalement sur l'exportation de nos beurres *salés*, en baisse, pour 1879, de 7,930,000 kilogrammes ; elle s'est manifestée surtout en Angleterre, qui, en 1879, nous a pris 7,457,000 kilogrammes de beurres salés de moins que pendant la période de 1874-1878.

Importation du beurre en Angleterre par les différents pays. — En 1879, il est entré 102,270,000 kilogrammes de beurre dans le Royaume-Uni, représentant une valeur de 259,500,000 francs. Les pays qui alimentent le royaume-Uni de cette denrée sont, par ordre d'importance : la Hollande, la France, les États-Unis, le Danemark; viennent ensuite l'Allemagne, le Canada, la Belgique, la Suède, etc.

C'est la Belgique qui vend ses beurres à l'Angleterre au prix le plus élevé, 3 fr. 10 le kilogramme; mais il ne faut pas perdre de vue qu'il s'agit surtout de beurres *frais*, qui sont toujours payés plus cher que les beurres *salés*. Quant à ces derniers, ce sont ceux de Danemark et de Suède qui atteignent les plus hauts prix moyens; viennent ensuite ceux de France, d'Allemagne, de Hollande, et enfin, mais avec une infériorité de prix notable, ceux du Canada et des États-Unis. La plus-value établie sur les marchés d'Angleterre par les beurres danois et suédois démontre, une fois de plus, que ces beurres *salés*, préparés spécialement en vue de l'exportation, sont très appréciés dans ce pays, et surtout en raison de leur résistance au *rancîment*. L'uniformité de préparation de ces beurres avec de la crème toujours fraîche en fait un produit qui n'est pas soumis, comme nos beurres salés de France, et plus spécialement ceux de Bretagne, à des variations dans la qualité qui, à certains moments, comme en 1877 et 1878, en déprécient considérablement la valeur. En ce qui concerne nos beurres salés de Normandie, il résulte, au contraire, des documents relatifs à notre commerce d'exportation, que toutes les fois que les négociants du Calvados et de la Manche expédient des *premières marques* en Angleterre, ceux-ci luttent avantageusement avec les beurres danois.

Un premier moyen de remédier à cette dépréciation des beurres de Bretagne consisterait à persuader aux producteurs qu'ils ont tout avantage à changer radicalement leur mode actuel de fabrication et à y substituer la méthode normande qui consiste à délaiter parfaitement le beurre, non pas à sec, mais en présence de l'eau, et à l'expédier ensuite *doux* et non pas *salé*, sur le marché.

Mais, en Bretagne plus que partout ailleurs, le paysan a sa routine et n'aime pas le changement; les considérations de concurrence étrangère le touchent peu et les meilleurs conseils resteront lettre morte tant qu'ils seront dépourvus de sanction. Or, cette sanction est entre les mains des négociants et des intermédiaires. Que les négociants s'entendent pour établir une différence de prix sensible entre les beurres bien délaités et ceux qui ne le sont pas, entre les beurres frais et ceux déjà salés, qu'ils exigent également des fermiers que ceux-ci apportent régulièrement leurs beurres sur les marchés, chaque semaine, et ils obtiendront rapidement une amélioration notable dans la qualité des produits bretons.

D'autre part, les beurres de Bretagne, avant d'arriver dans les beurreries où ils sont emballés pour être expédiés au dehors, passent souvent dans un très grand nombre de mains; le plus souvent ils sont achetés dans les fermes ou sur les marchés locaux par des marchands qui les expédient par le chemin de fer ou les apportent eux-mêmes dans les grandes villes pour les revendre aux expéditeurs. Or, que ces derniers refusent impitoyablement tout beurre vieux, mélangé, mal travaillé, ayant une odeur de rance ou un goût poissonneux, et les marchands qui achètent ces beurres à la campagne deviendront alors beaucoup plus difficiles vis-à-vis des cultivateurs qui, à leur tour, seront bien forcés d'apporter plus de soin dans leur fabrication.

Consommation du beurre à Paris. — Le tableau suivant renferme, pour neuf années, les quantités, en millions de kilogrammes, consommées à Paris :

Années	Vendues à la Halle.	Envoyées à destination particulière.	Totaux
1869.	11.500	4.100	15.600
1872.	10.200	4.200	14.400
1873.	10.223	4.000	14.223
1874.	10.349	3.748	14.097
1875.	10.677	3.876	14.553
1876.	10.286	4.114	14.400
1877.	10.664	4.238	14.882
1878.	11.493	4.565	16.058
1879.	11.402	4.463	15.865

En mettant en dehors l'année 1878, qui est celle de l'Exposition Universelle, on voit que la consommation du beurre à Paris a atteint son maximum en 1879. Pendant l'année 1878, cette consommation a dépassé 16 millions de kilogrammes, ce qui, par rapport à la moyenne de 1872-77 (14.426.000), représente un excédent de 1.632.000 kilogrammes. Quand à l'année 1880, la quantité de beurre entrée dans Paris au 31 août était déjà de 10.438.846 kilogrammes, ce qui correspondrait, en supposant que la consommation restât la même jusqu'à la fin de l'année, à une consommation de 15.657.000 kilogrammes; mais ce chiffre sera certainement dépassé.

D'autre part, si l'on prend la consommation totale du beurre pendant l'année 1879, à Paris, et si on la divise par le chiffre de la population, évaluée à deux millions d'habitants, on trouve que la consommation, par tête et par an, est actuellement de 7 kgr. 934 de beurre, soit bien près de 8 kilogrammes et cela sans tenir compte de la margarine qui peut être consommée séparément.

Voici maintenant le tableau des ventes de beurres, à la halle, d'abord pour Isigny et les Gournay :

	ISIGNY		GOURNAY	
	Quantités — Millions de kgr.	Prix moyen — Francs.	Quantités — Millions de kgr.	Prix moyen — Francs.
1869. . .	3.016	3.40	2.659	2.99
1872. . .	2.914	3.51	2.564	2.98
1873. . .	2.773	3.68	2.679	3.13
1874. . .	2.622	3.88	2.756	3.32
1875. . .	2.798	3.93	2.993	3.31
1876. . .	2.607	4.10	2.967	3.52
1877. . .	2.856	3.89	3.201	3.27
1878. . .	3.917	3.70	2.921	3.21
1879. . .	4.256	3.57	2.450	3.13

d'où il résulte qu'après avoir atteint un maximum en 1876, le prix des beurres d'Isigny et de Gournay vendus à la halle va en diminuant depuis cette époque. — Voici le même tableau pour les autres sortes :

	EN DEMI-KILOGR.		PETITS BEURRES		BEURRES salés ou fondus	
	Quant.	Pr. moy.	Quant.	Pr. moy.	Quant.	Pr. moy.
	Mill. de k.	Fr.	Mill. de k.	Fr.	Mill. de k.	Fr.
1869.	2.694	2.68	3.113	2.36	2.7	1.45
1872.	2.330	2.69	2.401	2.28	18.1	1.22
1873.	2.528	2.77	2.240	2.45	2.7	0.78
1874.	2.097	2.98	2.873	2.55	0.1	1.56
1875.	2.164	2.92	2.718	2.32	1.2	1.33
1876.	2.289	3.03	2.412	2.55	9.5	1.42
1877.	2.446	2.88	2.133	2.38	26.8	1.78
1878.	2.532	2.78	2.070	2.21	51.6	1.55
1879.	2.551	2.74	2.114	2.28	29.5	1.48

On voit que les prix des beurres *en livres* et des petits beurres vont également en diminuant depuis 1876. Quant aux beurres salés ou fondus, les quantités vendues à la halle de Paris sont très variables et toujours peu considérables. C'est ordinairement après l'hiver, en mars et avril, que les producteurs expédient leur stock non vendu et le reste de l'année ce genre de commerce devient insignifiant aux halles.

	PRIX MOYEN DES BEURRES			
	d'Isigny.	de Gournay.	en demi-kgr.	Petits beurres.
1850.	2.12	1.78	1.49	1.18
1859.	2.90	2.44	2.14	1.84
1869.	3.48	2.99	2.68	2.46
1879.	3.57	3.13	2.74	2.28
Augm. °/° de 1850 à 1879	68 °/°	75 °/°	83 °/°	93 °/°

d'où il résulte que, dans cette période de trente ans,

la hausse a été notablement plus élevée pour les petits beurres et ceux en demi-kilogrammes que pour les beurres fins tels que ceux d'Isigny et de Gournay.

Depuis le 30 novembre 1872 jusqu'au 1er janvier 1879, les droits perçus par la Ville sur les beurres étaient les suivants :

1° *Droits d'octroi* sur les beurres envoyés à destination particulière ou vendus par les marchands forains et non assujétis aux droits de marché, 20 fr. 40 par 100 kilogs.

2° Droits de marché *ad valorem*, perçus sur le montant des ventes effectuées aux halles, 6 fr. 10 p. 100.

Depuis le 1er janvier 1879, les droits *ad valorem* ont été convertis en *taxe d'octroi;* mais cette taxe, qui était, depuis 1872, de 20 fr. 40, a été réduite à 14 fr. 40, y compris le double décime par franc. En outre, la ville perçoit un droit d'abri aux halles de 1 franc par 100 kilogrammes. Nous ajouterons que, depuis la liberté du factorat (22 janvier 1878), la Commission des facteurs aux beurres a ajouté, pour soins donnés à la marchandise, 0 fr. 35 à la commission réglementaire de 0 fr. 90 p. 100 du prix de vente, ce qui porte la commission totale à 1 fr. 25 par 100 francs de vente.

Enfin *le droit de pesage* qui, dit-on, sera supprimé à partir du 1er janvier 1891, est actuellement de 5 centimes par 25 kilogrammes ou fraction de ce poids.

Voici le relevé des perceptions :

	OCTROI	DROITS *ad valorem*	TOTAUX
	—	—	
	20 fr. 40 °/₀ kgr.	6 fr. 10 °/₀	
	—	—	—
	Millions de fr.	Millions de fr.	Millions de fr
1873.	0.816	1.899	2.715
1874.	0.764	2.010	2.774
1875.	0.790	2.048	2.838
1876.	0.839	2.077	2.916
1877.	0.864	2.062	2.926
1878.	0.931	2.173	3.104
	OCTROI	DROIT D'ABRI	
	—	—	
	14 fr. 40 °/₀ kgr.	1 fr. °/₀ kgr.	
1879.	2.285	0.118	2.403

La diminution dans les recettes de la Ville pour les droits sur les beurres en 1879, provient de ce que ces droits (octroi et abri) ont été abaissés de 20 fr. 40 à 15 fr. 40 par 100 kilogrammes.

Avec le même droit de 20 fr. 40, le produit de perception eût été, en 1879, de 3.236.000 francs, c'est-à-dire supérieur de 132.000 francs à celui de l'année 1878.

L'importance de la consommation du beurre en France et à l'étranger, les nouveaux procédés de fabrication et de conservation, les moyens rapides de transport, doivent faire comprendre aux agriculteurs intelligents combien ils peuvent trouver avantage à développer la production de cette denrée dans leurs fermes. Mais ils ne doivent pas non plus perdre de vue que les bénéfices à réaliser seront toujours en rapport avec les efforts qu'ils feront pour obtenir un produit de première qualité. Nous avons fait ressortir la sérieuse concurrence que font, à notre industrie beurrière, les pays du Nord, les États-Unis, le Canada, etc., et nous avons essayé d'indiquer les causes réelles de la diminution de notre commerce d'exportation depuis quelques années. C'est aux producteurs à faire leur profit de ces avertissements et à ne rien négliger pour que les beurres français, frais et salés, continuent à trouver, sur les marchés étrangers, un écoulement aussi facile et aussi rémunérateur que par le passé[1].

1. A. Pouriau : *Notes sur le commerce du beurre.* — *Journal de l'agriculture*, 1881 ; nos 613 et 614.

CHAPITRE XII

FALSIFICATIONS ET ANALYSE CHIMIQUE DU BEURRE

Colorants artificiels. — Nous avons vu, dans le chapitre X, qu'on ajoute souvent au beurre, surtout en hiver, des colorants artificiels ayant pour but de rehausser la couleur. Tant que ces matières (safran, fleurs de souci, jus de carotte, rocou, curcuma, etc.,) ne sont pas en grande quantité, il n'y a pas de sophistication proprement dite. Mais il n'en est plus de même lorsque ces substances sont ajoutées en excès. En tout cas il peut être utile d'en déceler la présence. Un beurre non coloré artificiellement, ou pour mieux dire, un beurre naturel agité avec de l'alcool faible tiède, celui-ci étant décanté et évaporé, le beurre ne cède rien.

S'il y a du *curcuma,* le beurre donne un résidu rouge-brun, brun par l'acide chlorhydrique, brun foncé par les alcalis ; la solution dans l'alcool ou la benzine est fluorescente.

Avec la *carotte*, on obtient une coloration verte par les alcalis.

Le *rocou* donne un résidu rouge brun, qui bleuit par l'acide sulfurique.

Le *safran* donne un précipité rouge-orangé avec le sous-acétate de plomb.

Mais il arrive aussi quelquefois que le beurre est coloré par des substances autrement nocives. Aussi M. Poggiale a signalé l'emploi du *chromate de plomb* pour colorer le beurre. C'est là un véritable toxique. On le retrouve en faisant fondre le beurre dans l'eau, ce sel est précipité au fond du vase, on le sépare par décantation et on le caractérise par l'acide chlorhydrique qui donne alors une coloration verte qui bientôt précipite en blanc, la couleur reparaissant par l'eau. En traitant par l'ammoniaque on a une coloration jaune-orange.

Adjonctions de matières étrangères. — Une falsification assez commune est le beurre *fourré*, dans lequel le beurre recouvre simplement une motte de produit de qualité inférieure, voire même de fromage blanc. Cette fraude est facile à mettre en évidence en sondant la motte de beurre. Une des sophistications également fort en cours, est l'incorporation de l'eau, obtenue en ajoutant de l'eau salée au beurre fondu et battant jusqu'à refroidissement. Certains beurres salés contiennent un tiers de leur poids d'eau. Ces beurres deviennent granuleux et se brisent facilement, de plus, lorsqu'on plonge un couteau en tous sens dans la masse, on aperçoit des gouttelettes. Un moyen plus rigoureux, quoique fort simple pour mettre cette fraude en évidence, consiste à mettre le beurre fondu dans une bouteille qu'on maintient auprès du feu, l'eau blanchie se sépare du beurre, et on voit la hauteur qu'elle occupe [1].

On a parfois trouvé dans les beurres de qualité

1. Les beurres les mieux préparés renferment encore, d'après M. Boussingault, 1 de 12 à 16 °/₀ d'eau ; au-delà de 20 °/₀ il y a fraude.

inférieure, de la fécule, de la pulpe de pomme de terre, de la farine, du lait durci au feu, de la craie, du plâtre, du sulfate de baryte, etc.

Pour déceler ces falsifications on fait fondre une certaine quantité de beurre suspect au bain-marie, avec dix fois son poids d'eau. Les matières étrangères se précipitent avec le caséum, qui peut être dissous par l'ammoniaque, ce qui permet de doser ce corps et de voir si l'on a ajouté au beurre du lait durci au feu. Lorsqu'on trouve plus de 10 à 15 g. de caséine, on peut être assuré que celle-ci a été introduite avec intention.

Mélange de corps gras. — C'est la falsification la plus commune, elle consiste à ajouter au beurre des graisses animales de diverses natures, notamment de la graisse de veau.

On sait que le beurre naturel fond à 28 degrés ; il est susceptible de rancir au bout d'un certain temps et d'acquérir une nuance plus sombre et un goût plus fort.

Lorsqu'on a ajouté de l'axonge au beurre, le point de fusion se trouve abaissé de quelques degrés.

L'addition de graisse de veau est difficile à constater par la fusion, mais l'odeur désagréable qui se dégage par l'addition de la potasse caustique est assez caractéristique.

D'après Ritter, les corps gras qu'on ajoute au beurre : saindoux, graisse d'oie, peuvent se reconnaître à l'aide de l'alcool bouillant marquant 80 degrés qui enlève non seulement les corps gras très fusibles, mais encore les corps gras odorants.

Le beurre pur est liquide à la température de 26 degrés, peu soluble dans l'alcool, puisque 100 parties de ce liquide ne dissolvent que 3 gr. 05 centigrammes de beurre. Si l'on avait incorporé du suif de veau, son point de liquéfaction monterait à 70 degrés (Würtz).

C'est donc le point de fusion qui donne généralement les indications pour la diagnose des beurres, mais il est à remarquer que les différents auteurs n'indiquent pas la même température. C'est qu'en effet celle-ci peut très bien varier, puisque le beurre n'est pas un produit défini, mais un mélange variable de substances grasses dont les points de fusion diffèrent considérablement [1].

D'un autre côté, cette détermination offre des difficultés. Si on place dans un tube à réactifs un morceau de beurre, les particules détachées et fixées aux parois du verre seules entrent en fusion vers 26 degrés. Quant à la masse elle-même, elle ne fond sensiblement qu'entre 30 et 36 degrés. On comprend dès lors que cette méthode ne puisse indiquer la présence d'un peu de suif ou d'axonge.

Voici comment M. Husson a modifié cette opération, afin de la rendre plus pratique. On prend plusieurs tubes de même dimension dans lesquels on pèse 10 grammes d'huile de ricin bien blanche. On ajoute, dans chacun de ces tubes :

1. D'après M. Bromeis, le beurre est ainsi composé de cinq corps gras :

Oléine ou butyroléine.	30 gram.
Margarine.	68 —
Caprine et caproïne.	2 —

Dans le 1er 1 gr. de beurre frais bien préparé.
— 2e 1 — d'axonge,
— 3e 1 — de margarine Mouriès,
— 4e 0 — de suif.

On place tous ces tubes dans un bain-marie dont on élève graduellement la température.

A 40 degrés la fusion du beurre est bien établie.

L'axonge donne déjà une solution trouble.

La margarine produit une solution qui reste opaline, quelle que soit la température.

La suif reste solide.

A 50 degrés s'opère seulement la dissolution du beurre naturel, elle présente alors les caractères de celle du beurre de margarine.

La dissolution d'axonge est transparente.

Le suif se divise et devient granuleux.

A 70 degrés le suif se dissout, sa solution est légèrement laiteuse. Ces tubes, plongés dans de l'eau à 70 degrés, présentent les caractères suivants, si on laisse la température s'abaisser graduellement :

A 15 degrés la solution de suif est complètement figée. On peut renverser le tube sans que rien s'écoule. Les solutions de beurre et d'axonge ont la consistance de glycéroté d'amidon.

A 9 degrés la solution d'axonge est solidifiée, celle du beurre est encore filante, ainsi que celle de margarine. En traitant ces mélanges par de l'alcool à 90 degrés et à froid, on obtient des émulsions à teinte laiteuse dans lesquelles on voit se former des flocons blancs.

Lorsqu'on a filtré et lavé à l'alcool le résidu laissé

sur le filtre, on fait sécher celui-ci dans un courant d'air sec. Dans ces conditions le suif donne un dépôt de 1 gr. 20 centigrammes, c'est-à-dire complètement précipité et qu'il a retenu en outre quelques éléments de l'huile de ricin.

Le résidu laissé par le beurre est de 0 gr. 70.
— — l'axonge est de 0 gr. 60.

D'après ces données, on comprend facilement que le mélange de beurre, soit avec l'axonge, soit avec le suif modifie la solubilité de l'huile de ricin, la consistance du mélange et le poids des résidus laissés sur le filtre par l'action de l'alcool [1].

Enfin M. Hoorn a indiqué le procédé suivant pour reconnaître si le beurre est ou non falsifié : 10 grammes de beurre sont fondus à une douce température et placés dans une éprouvette terminée en pointe, longue de 20 centimètres et large de 25 millimètres dans les deux tiers supérieurs ; la partie supérieure est divisée en deux parties égales ; on y verse trois centimètres d'éther de pétrole, on agite fortement et on laisse reposer. On transvase l'éther, on le remplace par une nouvelle quantité, et on laisse reposer deux heures ; l'eau mise én liberté donne une colonne qu'on évalue : Dans un beurre bon elle est de 0,10 à 0,14 ; on en trouve 0,40 dans le beurre falsifié ; l'éther de pétrole, dans les proportions indiquées, est évaporé et donne la matière grasse, toute celle du beurre, mais si celui-ci est fraudé avec des graisses

1. Husson. Loc. cit.

de veau, de bœuf, de porc, plus de 0,10, elles ne sont pas complètement dissoutes.

Beurre artificiel. — Margarine. — Depuis 1872, on prépare un beurre artificiel, inventé par M. Mège Mouriès, et qui porte communément le nom de Margarine.

Il se prépare avec du suif de bœuf.

Voici le procédé de fabrication :

Le suif est broyé entre des cylindres à dents qui déchirent les membranes dont il est enveloppé. Il est ensuite porté à 45 degrés dans une chaudière chauffée à la vapeur avec le tiers de son poids d'eau et 1/1000 de carbonate de soude. On agite de manière à séparer toutes les membranes et à les faire aller au fond. Quand la fusion est complète, on décante et on ajoute 2 p. 100 de sel marin, pour favoriser la dépuration. On maintient le suif fondu en repos pendant deux heures, et on a alors un liquide clair, limpide, jaune, à odeur assez agréable. qu'on abandonne au refroidissement après décantation. Le solide, maintenu à la température de 25 degrés est soumis à l'action de la presse hydraulique qui détermine l'écoulement de l'oléo-margarine, tandis que la stéarine, moins fusible, reste dans la toile.

La stéarine qu'on a ainsi séparée sera employée dans la fabrication des bougies. L'oléo-margarine, figée par refroidissement, constitue ce qu'on nomme la *graisse de ménage,* qui peut être employée à cet état, et qui a l'avantage de se conserver longtemps sans rancir.

Pour préparer le beurre artificiel avec la graisse de ménage, on la fond, on y incorpore la moitié de son poids de *lait* (renfermant 35 grammes de beurre), et la moitié de son poids d'eau contenant les parties solubles de mamelles de vache très divisées; on ajoute un peu de *bicarbonate de soude*, du *rocou* pour donner la coloration du beurre naturel, et on bat vigoureusement dans une baratte. La graisse s'émulsionne en une crème analogue à celle du lait, puis donne un beurre qui s'élève à la surface; dans cette opération la pepsine provenant des mamelles de vache a favorisé l'émulsion du corps gras avec l'eau. Il ne reste plus qu'à malaxer et laver.

On a de la sorte une pâte fine et homogène, ayant absolument l'apparence du beurre. C'est un produit dont l'usage n'a rien de contraire à l'hygiène, mais qui a le grand défaut de ressembler tellement à du beurre que la confusion, et par suite la fraude, sont bien faciles.

La margarine est aisée cependant à distinguer au goût qui n'est pas celui du beurre. L'examen microscopique, fait observer M. E. Bouant, auquel nous empruntons la plupart des détails qui précèdent, ne permet pas non plus la confusion; il montre de petits critaux de margarine englobés dans des traînées graisseuses, des globules plus ou moins volumineux présentant des gouttes de vernis qui se sont fendillées en se desséchant. On reconnaît que du beurre a été additionné de margarine, ce qui a lieu souvent pour les beurres de Bretagne, en dissolvant le produit dans l'éther et en évaporant la solution à sec au bain-marie; le résidu, légèrement chauffé, a une odeur de suif très prononcée.

Tout récemment, M. Drouot a inventé un petit appareil d'une extrême simplicité servant à déceler la présence de la margarine dans les beurres, en quelque quantité qu'elle s'y trouve.

L'appareil Drouot se compose d'une boîte en tôle renfermant une lampe à esprit-de-vin à deux becs: ce foyer chauffe une plaque de tôle placée au-dessus et reposant sur quatre supports métalliques. Lorsque cette plaque est suffisamment chaude, on y place une autre plaque munie de petits récipients circulaires, sortes de petits godets dans lesquels on a mis de petits échantillons des beurres à essayer.

Sous l'action de la chaleur régulière de la plaque, le beurre fond : le beurre naturel étant fondu laisse une partie de petit lait qui n'est pas extrait du beurre; ce petit lait reste compact et tombe au fond du récipient; le beurre est très clair et jaune.

Lorsqu'il y a de 10 à 20 p. 100 de margarine, il reste bien des parties de petit lait, mais ces parties ne sont plus aussi blanches et se trouvent isolées au fond du récipient, la limpidité se perd et devient un peu terne; de 30 à 40 p. 100 de margarine, la fonte est plus lente et toujours moins claire, les parties de petit lait sont bien plus écartées et ne se trouvent plus réunies; de 50 à 75 p. 100, la limpidité se perd de plus en plus et les parties laiteuses sont presque nulles et beaucoup plus espacées.

S'il s'agit de margarine pure, la fonte est lente et terne, ni jaune, ni blanche; elle est grisâtre et ne laisse aucune partie de petit lait. A la fin de la fonte il se fait un petit jour qui perce pour terminer sa fusion.

Comme on le voit, le procédé est d'une simplicité élémentaire; ce n'est pas une analyse chimique proprement dite, mais un simple essai que chacun peut faire en moins de dix minutes. L'appareil est d'ailleurs accessible à tous, son prix étant de 10 francs.

Il est appelé, croyons-nous, à rendre de réels services dans les ménages, car il donne à tous la facilité de découvrir les fraudeurs auxquels la loi du 7 février 1887 pourra être appliquée.

Analyse chimique du beurre. — Les éléments que doit rechercher toute analyse de beurres, et qui peuvent servir à porter un jugement sur la valeur du produit, sont les proportions d'eau, de matières grasses, de sel marin et de ce que le beurre contient d'impuretés sous forme de caséine, de sucre de lait, etc. Ici nous supposons, bien entendu, en beurre naturel non sophistiqué.

Pour doser l'eau, on chauffe 10 grammes de beurre dans l'étuve à 100 degrés jusqu'à poids constant; ou bien on dissout 10 grammes de beurre dans 30 centigrammes de pétrole d'une densité de 0,69 et bouillant à 80-110 degrés. Le liquide, qui se réunit au fond, est récolté à l'aide d'un entonnoir à robinet et mesuré dans un tube divisé en dixièmes de centimètres cube : chaque division indique 1 p. 100 d'eau et d'impuretés. Le bon beurre renferme 10 à 15 p. 100 d'eau.

On peut aussi sécher à 110 degrés le beurre et

épuiser le produit par le pétrole léger bouillant avant 100 degrés. Le résidu est constitué par le sel, la caséine et la lactore. Celle-ci peut être dorée par la liqueur de Fehling [1].

Pour déterminer la proportion de matières grasses, on fait usage du procédé de M. Helmer, qui indique en même temps si le beurre a été additionné de margarine ou d'autres matières grasses, il est basé sur ce fait que plusieurs des acides gras séparés du beurre, notamment l'acide butyrique et l'acide caproïque, sont solubles dans l'eau chaude, tandis que ceux qui proviennent des autres corps gras sont insolubles.

Voici comment M. E. Peligot décrit le mode opératoire :

On fait fondre au bain-marie 15 à 20 grammes de beurre préalablement desséché et on filtre la partie huileuse dans un entonnoir déposé dans une étuve chauffée. Après solidification, on saponifie 4 grammes de cette matière à 80 degrés avec 15 à 20 c.c. d'une dissolution alcoolique de potasse au dixième; on évapore au bain-marie de manière à chasser l'alcool, et en reprenant le résidu par l'eau, on s'assure que la saponification est terminée, le liquide ne devenant pas trouble : autrement, on évapore de nouveau de manière à la compléter.

Le savon est redissous dans l'eau et décomposé à chaud par l'acide sulfurique dilué; les acides gras, mis en liberté, qui se rassemblent à la surface sous forme d'une couche huileuse, sont recueillis dans

1. *Agenda du chimiste*, p. 304.

une capsule préalablement tarée; on les lave avec de l'eau bouillante jusqu'à ce que l'eau de lavage ne rougisse plus un papier bleu de tournesol bien sensible : il faut environ un litre d'eau pour faire ce lavage. En déduisant du poids qu'accuse la balance le poids de la tare, on a celui des acides gras fournis par les 4 grammes de beurre.

Par ce traitement, le beurre normal donne 87 à 88,2 d'acides gras solides; la margarine 94,1 à 95,7. On peut admettre la fraude quand le beurre fournit au delà de 87,5 p. 100 de ces acides. En admettant que les graisses animales ajoutées renferment 95,5 et que le beurre contienne 87,5 d'acides gras, la différence est représentée par 8. Si donc, en analysant un beurre par ce procédé, on trouve pour la teneur en acides gras un excès de 3,5, on a la proportion :

$$8 : 100 :: 3,5 : x.$$

Soit pour x 43 p. 100 de matière grasse étrangère.

Sauf diverses modifications de détail, c'est ce procédé qu'on emploie pour l'examen des beurres au laboratoire municipal de la ville de Paris.

TROISIÈME PARTIE

LES FROMAGES

CHAPITRE XIII

LE FROMAGE

Transformation du lait en fromage. — Le lait est un liquide instable ; sous l'influence d'un assez grand nombre de causes dont les actions ne sont pas toutes élucidées, il s'altère, *tourne*, comme l'on dit ; la modification qu'il subit alors est définitive.

On a donc dû chercher depuis longtemps à retirer de ce liquide les précieux éléments nutritifs qu'il renferme pour en constituer des aliments se conservant mieux que le lait et n'ayant pas, comme lui, l'inconvénient de contenir une grande quantité d'eau qui rend les transports plus difficiles et plus onéreux. La fabrication du fromage, dit M. R. Lézé, remplit d'une manière heureuse et à peu près complète tous ces desiderata. Par des procédés spéciaux, on parvient à précipiter la caséine contenue dans le lait, et le coagulum formé entraîne avec lui la majeure partie de la matière grasse, ainsi qu'une partie du sucre et des sels contenus dans le liquide primitif. Il reste, baignant le précipité, un liquide sucré contenant une faible proportion de matières albuminoïdes, grasses et salines, et, en somme, comme on le voit, ne constituant plus pour l'alimentation qu'un produit de valeur assez médiocre.

Le coagulum, que l'on appelle le *caillé*, est, en quelque sorte, du lait concentré sous un petit volume; sa préparation est donc rationnelle, excellente en principe. C'est pourquoi nous voyons la fabrication des fromages si développée partout où elle est possible, surtout dans les contrées montagneuses ou dans les localités dans une situation telle que le transport du lait intervient assez fortement dans le prix des matières utilisées ou vendues [1].

D'ailleurs, la fabrication des fromages n'est pas chose nouvelle, puisque cet aliment était connu des Romains et des Gaulois.

Valeur alimentaire du fromage. — Le fromage est aujourd'hui un des aliments les plus répandus. Il est consommé par toutes les classes de la société, car il réunit des qualités multiples.

« Un repas sans fromage, a dit Brillat-Savarin, est une belle à laquelle il manque un œil; le fromage

1. *Dictionnaire d'agriculture*, par J.-A. Banal et H. Sagnier, t. 11, p. 990.

est le complément d'un bon repas et le supplément d'un mauvais. »

Dans les campagnes, le fromage constitue souvent le seul aliment azoté de la ration, le reste consistant en pain (aliment féculent), en lard (aliment gras), etc.

Dans les grandes villes où les rations alimentaires sont plus nutritives que dans les campagnes, le fromage frais vient varier le régime, et le fromage *affiné*, c'est-à-dire rendu très sapide par la fermentation, et que l'on consomme à faible dose, vers la fin du repas, a pour effet d'amener, par sa saveur piquante et son odeur spéciale, un contraste qui fait paraître plus agréable le goût des autres aliments et surtout le bouquet des vins.

Le fromage est un aliment fort concentré, d'une richesse peu commune en azote, ainsi que le montre l'analyse suivante, qui est cependant celle d'un fromage maigre :

Eau.	44.0
Albumine, etc.	44.8
Graisse.	6.3
Sels.	4.9

Il est à remarquer, toutefois, que le fromage n'est digestible que dans une certaine limite, aussi ne faut-il en consommer que de faibles quantités à la fois.

De plus, les fromages frais sont plus nourrissants que les fromages fermentés, c'est ainsi que le fromage blanc, dit de ménage, est plus nutritif que le fromage de Hollande ou de Roquefort, par exemple.

Par contre, ces derniers agissent surtout comme condiment pour stimuler la digestion en excitant la sécrétion des sucs digestifs.

On fabrique des fromages avec le lait des divers animaux : avec le lait de vache, le lait de chèvre, le lait de brebis ou le lait de chèvre et de brebis mélangés.

Pour quelques fromages, on emploie le lait pur, non écrémé, pour d'autres, on ajoute même de la crème, pour d'autres le lait est partiellement écrémé, pour d'autres enfin le lait est écrémé.

Quelques fromages se fabriquent avec du lait frais, d'autres avec du lait aigri.

Il existe une foule de sortes de fromages, aussi ne pouvons-nous parler que des plus importants, de ceux que l'on consomme le plus habituellement en France.

D'ailleurs, il n'y a pas de pays en Europe où l'on fabrique plus de variétés de fromages qu'en France, et cette branche de l'industrie laitière a été l'objet, dans ces dernières années, de perfectionnements notables.

Fromagerie. — La fromagerie est le local où se font les fromages; il porte différents noms, suivant les localités, en Suisse, c'est le *chalet*, dans le Jura et dans les Vosges, c'est la *fruiterie,* en Auvergne, le *buron.*

Suivant l'espèce de fromage que l'on fabrique, les pièces et la disposition générale de la fromagerie varient dans une mesure assez sensible.

Ainsi, lorsqu'on ne fait que des fromages mous,

destinés à être consommés de suite, une seule pièce est suffisante.

Lorsqu'il s'agit de fabriquer des fromages affinés, tels que le brie, il faut trois pièces bien distinctes :

1° La *laiterie*, où le lait est mis en présure et dans laquelle le caillé s'égoutte dans les moules;

2° Le *haloir* ou *séchoir* dans lequel les fromages se sèchent et commencent à fermenter.

3° L'*affinoir*, dans lequel les fromages s'affinent ou se perfectionnent, c'est généralement une cave ou un endroit voûté. On lui donne quelquefois le nom de *magasin,* car les fromages y restent généralement jusqu'au moment de leur expédition.

Pour la fabrication des fromages cuits, il faut également trois pièces : La *laiterie*, qui a la même destination que plus haut; la *cuisine*, où se fait la cuisson; enfin, la *cave* ou magasin aux fromages.

Comme pour la beurrerie et la laiterie proprement dites, la fromagerie doit être soumise aux conditions générales de minutieuse propreté, qui est la condition essentielle pour fabriquer des produits de qualité supérieure, quelle que soit l'espèce ou la variété de fromage que l'on a en vue.

Quant aux ustensiles et instruments nécessaires dans une fromagerie, ce sont :

Les seaux à lait;

Les couloirs;

Les passoirs;

Les écrémoirs;

Les baquets à fromage;

Les diviseurs de caillé ou couteaux à fromage;

Les formes ou moules;

Les ronds à fromage;

Les moussoirs;

Les malaxeurs;

Les tables;

Les presses;

Les séchoirs mobiles.

Instruments de formes variables, suivant les fromages qu'on se propose de fabriquer.

Principe général de la fabrication des fromages. — Nous l'avons déjà dit, il y a une multitude de sortes de fromages (600 environ), pour chacune d'elle, pour ainsi dire, il y a un procédé de fabrication spécial, toutefois, d'une manière générale, le principe consiste :

1° A coaguler le lait;

2° A diviser le caillé pour en séparer le petit lait.

A partir de ce moment, les opérations varient suivant les espèces, on presse, on sale et on laisse fermenter un certain nombre de fromages; pour d'autres, ces opérations ne sont pas nécessaires.

Avant d'aller plus loin, nous devons donner ici, pour l'intelligence de ce qui va suivre, la définition de quelques termes techniques fréquemment employés, qui reviendront souvent sous notre plume et sur lesquels il est important d'être fixé tout d'abord.

Les fromages à *pâte ferme*, tels que le Gruyère, le Hollande, etc., ceux à *pâte molle*, tels que le Brie, le Marolles, etc., se définissent d'eux-mêmes.

Les fromages *frais* sont ceux qui n'ont pas subi de fermentation, comme le Coulommiers, le Bondon, etc.

Les fromages *affinés* sont ceux qui sont salés, desséchés et fermentés, tels, par exemple, le Marolles, le Pont-l'Évêque, le Brie, etc.

Les fromages *de crème* sont ceux qui se fabriquent avec de la crème ou du lait non écrémé auquel on a ajouté de la crème.

Les fromages *gras* sont ceux que l'on fait avec du lait non écrémé.

Les fromages *demi-gras* se font avec du lait privé d'une partie de sa crème.

Les fromages *maigres* se font avec du lait écrémé,

Classification des fromages. — On divise généralement les fromages en deux grandes sections : ceux à pâte *molle* et ceux à pâte *ferme*, catégories qui sont, elles-mêmes, subdivisées en fromages *frais* et fromages *affinés* pour la première, et fromages pressés et fromages cuits *et pressés* pour la seconde catégorie.

Il est peut-être plus rationnel de prendre comme base fondamentale d'une classification, la nature et l'origine du lait servant à faire le fromage, car deux fromages à *pâte molle et affinés* n'en auront pas moins des goûts bien différents si l'un a été préparé avec du lait de vache, et l'autre avec du lait de brebis, par exemple. Nous admettrons donc d'abord trois grands groupes : 1° fromages de lait de vache ; 2° fromages de lait de brebis ; 3° fromages de lait de chèvre.

Le tableau suivant résume cette classification :

CLASSIFICATION DES FROMAGES

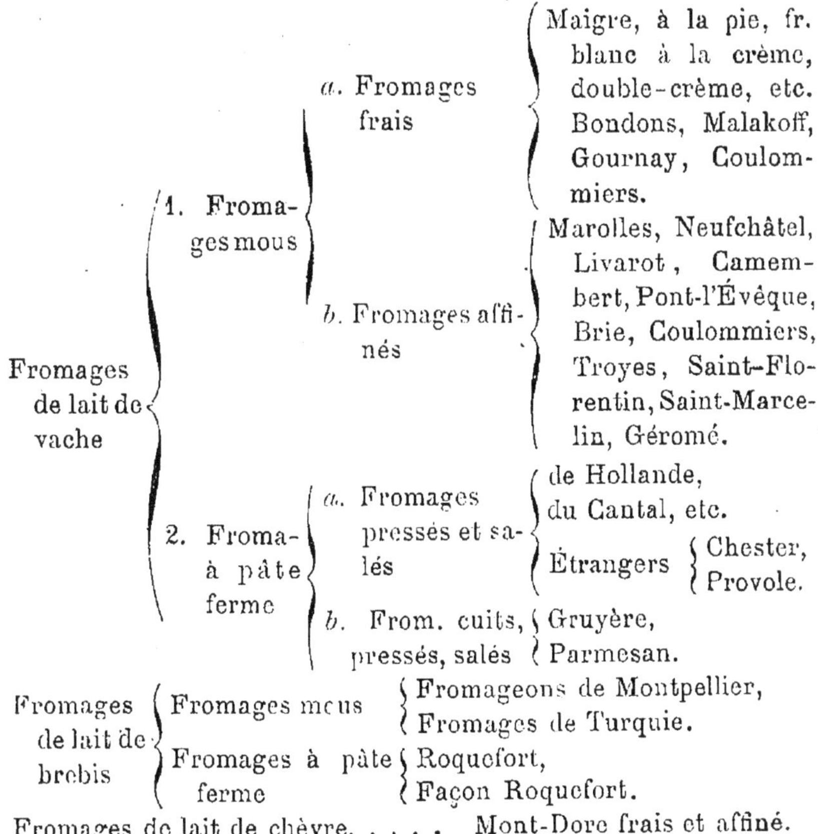

Fromages de lait de vache	1. Fromages mous	*a*. Fromages frais	Maigre, à la pie, fr. blanc à la crème, double-crème, etc. Bondons, Malakoff, Gournay, Coulommiers.
		b. Fromages affinés	Marolles, Neufchâtel, Livarot, Camembert, Pont-l'Évêque, Brie, Coulommiers, Troyes, Saint-Florentin, Saint-Marcelin, Géromé.
	2. Fromages à pâte ferme	*a*. Fromages pressés et salés	de Hollande, du Cantal, etc. Étrangers: Chester, Provole.
		b. From. cuits, pressés, salés	Gruyère, Parmesan.
Fromages de lait de brebis	Fromages mous		Fromageons de Montpellier, Fromages de Turquie.
	Fromages à pâte ferme		Roquefort, Façon Roquefort.
Fromages de lait de chèvre.			Mont-Dore frais et affiné.

Composition chimique du fromage. — Le fromage est un mélange de beurre et de caséine du lait modifiés de manière à résister à la décomposition putride. On sait encore fort peu de chose sur la nature chimique de ces produits. Mais les analyses faites, jusqu'à ce jour, corroborent bien ce qui a été dit au sujet de la valeur alimentaire des fromages, c'est-à-dire que ce sont des aliments riches en azote et en carbone. Les chiffres suivants viennent bien à l'appui de ce dire :

Fromage de Pamersan .	6,9 % d'azote,	40 % de carbone.
— de Gruyère . .	5,0 —	38 —
— de Roquefort .	4,2 —	44 —
— de Camembert.	3,0 —	33 —
— de Brie	2,9 —	35 —

CHAPITRE XIV

FORMATION DU CAILLÉ

Coagulation spontanée. — Quelle que soit la variété de fromage que l'on se propose de fabriquer, la première opération à faire est la coagulation du lait.

Cette coagulation peut s'obtenir de différentes manières, toutefois celle qu'on choisit n'est pas indifférente, car il importe de conserver au caillé son goût agréable et ses propriétés alimentaires.

On a quelquefois recours à la coagulation spontanée. Sous l'influence de certains ferments, le sucre contenu dans le lait passe peu à peu à l'état d'acide lactique et le lait se caille de lui-même ou *tourne* selon l'expression vulgairement consacrée.

Cette transformation est longue à s'effectuer et le lait exposé à l'air reçoit en même temps tant de ferments, outre ceux qui sont utiles, que la précipitation n'est pas toujours très régulière et que le caillé possède quelquefois un goût ou une odeur désagréables (R. Lezé). Ce procédé, qui, du reste, est rarement employé maintenant, doit tendre à disparaître; si l'on veut que le caillé se forme très lentement, comme par exemple, pour la préparation du fromage à la crème, on peut arriver à ce résultat d'une autre manière en ajoutant par exemple une faible quantité de *présure*.

On peut encore obtenir la coagulation de la caséine du lait en ajoutant des acides au lait, notamment du vinaigre, ce procédé est rarement employé à cause du goût acide qu'il communique au caillé.

Il en est de même de l'adjonction de l'alcool, du tanin, du sulfate de chaux, ou bien encore de certaines plantes, parmi lesquelles nous citerons principalement *l'oseille*, le *Pinguicula vulgaris*, le *Cynara cardunculus*, le suc de *Ficus carica*, etc., etc., qui déterminent, selon toute probabilité, la coagulation, par les acides qui y sont contenus.

Coagulation par le lait aigri. — On ne se sert, dans la pratique, que de deux substances pour coaguler le lait en vue de la fabrication du fromage; la présure et le lait aigri.

Le lait aigri, surtout employé pour la fabrication des fromages cuits, comme le Gruyère, est appelé en Suisse, *asy* ou *aisy*. Il n'agit que par *l'acide* lactique qu'il renferme; la coagulation qu'il donne n'est bien complète que si on l'additionne d'une petite quantité de présure. C'est donc cette dernière substance seule que l'on peut regarder comme véritablement active, c'est, d'ailleurs, l'agent généralement employé dans la pratique.

Présure. — La présure est faite avec le quatrième estomac ou *caillette* de veau; mais cette caillette n'est bonne pour cet usage qu'autant que l'animal n'a pas dépassé l'âge de trois ou quatre semaines, c'est-à-dire tant qu'il n'a bu que du lait.

La présure a une énergie telle que si on l'employait dans des terrines en terre non vernissée, elle pénétrerait dans les pores de cette terre et résisterait à tous les lavages. Aussi, dans les pays où l'on fabrique des fromages réputés, dans celui de la Herve, notamment, les ménagères ont la sage précaution de rebuter les vases écaillés ou ébréchés à l'intérieur[1].

Les caillettes servent donc à préparer la présure. Pour obtenir cette dernière, les fromagers ont recours à une foule de recettes, toutes empiriques et souvent ridicules, mais qui ont pour résultat final de dissoudre et de concentrer le principe actif des caillettes, principe qui a reçu des chimistes le nom de *pepsine*. C'est une matière azotée, une espèce particulière de ferment qui paraît présider à la digestion des substances animales, et qui est sécrétée par la membrane muqueuse de l'estomac[2].

Les caillettes de veau sont ordinairement employées desséchées; il est peut-être à recommander d'éviter l'usage des caillettes fraîches et surtout de ne pas chercher à utiliser les quelques grumeaux qu'elles peuvent contenir et qui donnent une quantité de présure à peu près insignifiante, et, en tout cas, de qualité inférieure.

Les caillettes étant lavées, on les saupoudre intérieurement et extérieurement, puis on les met dans un pot en grès en les séparant par un lit de sel; enfin, quand le vase est plein, on le recouvre d'une

1. P. Joigneaux. *Le Livre de la ferme*. T. I, p. 688.
2. Maigne. *Nouveau manuel de la laiterie*, p. 199.

assiette ou d'un fort papier percé de petits trous, et on le met dans un endroit frais[1].

Dans cet état, les caillettes peuvent se conserver très longtemps, et c'est avec elles que l'on prépare la présure.

Pour préparer la présure, on prend plusieurs caillettes et on les coupe toutes ensemble pour avoir une moyenne composition ; il est bon de sacrifier les extrémités, le col et les matières grasses qui ne renferment guère de principes utiles.

Une caillette sèche pèse à peu près 60 grammes, et peut, dans une ferme, fournir quatre litres d'une présure coagulant deux cent cinquante fois son volume de lait en une demi-heure au plus.

Pour la préparation, on superpose quatre ou cinq caillettes et on les coupe partiellement toutes ensemble en prenant le poids nécessaire pour la quantité de présure à préparer; le quart de la longueur représente une caillette, par exemple. On laisse macérer dans de l'eau chauffée à 35 degrés.

On laisse macérer pendant vingt-quatre heures au moins avant l'emploi.

Que l'on se serve de présure ainsi préparée ou de présure solide ou liquide que l'on trouve dans le commerce (et nous croyons presque toujours préférable d'acheter les présures toutes préparées dans des maisons connues plutôt que de les faire soi-même) il est bon de pouvoir se rendre compte de la force de la présure dont on se sert. Cet essai n'est pas difficile et doit se faire en imitant en petit, sur

1. Pouriau. *Laiterie*, p. 235.

un litre ou deux de lait, la manipulation que l'on fait en grand pour le fromage que l'on fabrique. Il est, en effet capital, dans la fabrication du fromage, d'apporter une grande régularité dans les manipulations diverses, d'avoir constamment toujours même température de mise en présure, et même durée de coagulation.

Les essais préalables sont d'autant plus utiles que le lait diffère de composition avec les saisons, la nourriture donnée aux vaches et d'autres causes encore, et que les présures employées ne sont, elles-mêmes, pas toujours très régulières.

Or, si la quantité de présure ajoutée est faible, la coagulation est lente à se produire, le caillé reste plus mou et plus aqueux; le rendement paraît plus considérable, mais la forme du fromage se maintient mal, les accidents de fabrication sont plus fréquents, la conservation est moins bonne. Si l'on ajoute beaucoup de présure, le caillé est plus sec, les fromages sont durs et mûrissent plus lentement.

Il faut moins de présure pour la coagulation pendant l'été à cause de la température plus élevée de l'atmosphère, moins de présure si le lait est acide ou pauvre en matières grasses [1].

Pour les doses moyennes de présure, il y a une loi assez régulière de proportionnalité inverse entre le temps de la coagulation et la quantité de présure employée, La loi ne se vérifie plus bien quand on exagère la dose de présure, parce qu'alors il n'y a

1. R. Lezé. *Dictionnaire d'agriculture,* de J.-A. Barral et Sagnier. T. II, art. *fromages.*

plus, à proprement parler, de coagulation, mais un épaisissement plus ou moins marqué de la masse.

Mais la loi se vérifie mal quand on met trop peu de présure, la coagulation devient interminable, et, lorsqu'elle survient après un long retard, il y a toujours à se demander si c'est du fait de la présure ajoutée, ou de celui des êtres vivants qui prennent immanquablement naissance pendant l'expérience. Pour résoudre cette question qui, au point de vue théorique, revient à savoir si de la présure peut exister dans du lait sans manifester sa présence, il n'y a pas d'autre moyen que d'introduire de la présure stérile dans du lait stérilisé, et d'attendre si, suivant les indications de la loi qui précède l'influence du temps peut compenser l'effet de la diminution de présure[1].

M. Duclaux, en opérant ainsi, a prouvé que des doses très faibles de présure peuvent exister dans le lait, même à la température de 37 degrés, sans y manifester leur présence par la coagulation du liquide.

Le fait est encore plus manifeste à des températures inférieures. Les doses minimum de présure qui ne donnent plus de coagulation s'élèvent d'autant plus que le lait est plus froid, et lorsqu'on s'approche des températures ordinaires, ces doses inactives sont énormes comparées à celles que produiraient la coagulation à 37 degrés.

Dans sa remarquable étude sur les fromages. M. Lezé, fait remarquer en outre que les rendements

1. Duclaux. *Le lait. Études chimiques et microbiologiques*, p. 103.

en fromage varient également avec les quantités de présure, mais on manque de données sur ce sujet : il y a des fromages qui parviennent à obtenir un sérum limpide, tandis que d'autres n'ont toujours qu'un liquide louche et chargé de matières grasses. De toutes façons, il existe une perte dans cette fabrication de fromage, ou, en d'autres termes, la précipitation de la caséine n'est pas complète non plus que l'entraînement de la matière grasse, des sels et du sucre, mais on n'a pas encore fait beaucoup d'expériences sur ces rendements, dont les conditions seraient cependant bien intéressantes à connaître pour la pratique.

Généralement, on met en présure entre 20 et 35 degrés ; on met en présure à basse température, pour les fromages mous fabriqués avec du lait complet, et on élève davantage le degré de chaleur pour les fromages durs, surtout s'ils sont préparés avec du lait écrémé.

Il en résulte qu'avec ces deux facteurs, la température et la quantité de présure, on peut arriver à un même résultat, par exemple, à un même temps de coagulation de plusieurs façons différentes, par exemple en employant peu de présure et une température élevée ou réciproquement.

En ce qui concerne la température, l'action de la présure, à partir de la température ordinaire, devient plus rapide avec la chaleur et elle passe par un maximum dans les environs de 41 degrés ; au-dessus de cette température, l'action décroît, mais le phénomène se complique à cause de la transformation des matières albuminoïdes ; du reste, ce degré de

41 degrés n'est jamais dépassé ou même atteint dans la pratique.

A 15 degrés la présure ne produit presque aucun effet sur le lait.

Pour la quantité de présure, voici le tableau qu'a dressé M. Genoudet dans lequel on trouve les quantités de présure exactement proportionnées à la durée de l'épreuve, à la quantité de lait et au temps de la coagulation :

DURÉE de L'ÉPREUVE	QUANTITÉ DE PRÉSURE NÉCESSAIRE A LA COAGULATION DE UN LITRE DE LAIT PENDANT :			
	30 minutes	40 minutes	50 minutes	60 minutes
Minutes	Litres	Litres	Litres	Litres
1	0.003333	0.002500	0.0020	0.001666
1 1/4	0.004166	0.003125	0.0025	0.002083
1 1/2	0.005000	0.003750	0.0030	0.002500
1 3/4	0.005833	0.004375	0.0035	0.002916
2	0.006666	0.005000	0.0040	0.003333
2 1/4	0.007500	0.005625	0.0045	0.003750
2 1/2	0.008333	0.006250	0.0050	0.004166
2 3/4	0.009166	0.006875	0.0055	0.004583
3	0.010000	0.007500	0.0060	0.005000
3 1/4	0.010833	0.008125	0.0065	0.005416
3 1/2	0.011666	0.008750	0.0070	0.005833
3 3/4	0.012500	0.009375	0.0075	0.006250
4	0.013333	0.010000	0.0080	0.006666

Voici un exemple de problème et de calcul d'après lequel la table est construite.

On a trouvé à l'épreuve que 1 centilitre de présure caille 1 décilitre de lait dans 1/4 de minute; combien faudrait-il de cette présure pour cailler 1 litre de lait pendant 50 minutes?

Puisque 1 centilitre de présure caille 1 décilitre de lait dans 1/4 de minute, 1 décilitre de présure caillera 1 litre de lait dans le même temps. Pour cailler ce litre de lait dans 50 minutes, qui font 200 quarts de minute, il faudra 200 fois moins de présure. On divisera donc 1 décilitre de présure par 200 et on obtiendra 0 litre 0005 ou 5 dixièmes de millilitre, quantité de présure nécessaire à la coagulation de 1 litre de lait pendant 50 minutes [1].

Outre la présure, on trouve dans le commerce des présures concentrées, sur lesquelles on comprendra sans peine que nous ne puissions pas nous étendre. Les principales sont :

1° La présure de Hansen. — Boll ;

2° La présure de Fabre;

3° La présure de Mansfeld-Büllner et Lassen.

Ces présures se vendent, dans le commerce de détail, environ 3 francs le litre, et, avec un litre, on peut cailler environ 300 à 350 litres de lait, tandis qu'il faudrait employer 15 à 20 caillettes pour arriver au même résultat, soit une dépense de 8 à 10 francs. De plus, d'après M. Tardy, par l'emploi de la présure concentrée, le rendement en fromage pour une même quantité de lait est augmenté de 3 à 4 pour 100. C'est pourquoi ces présures sont employées communément aujourd'hui.

La mise en présure du lait avec utilisation de la température naturelle du lait venant d'être trait, ne

1. T.-S. Genoudet. *Mémoire sur la coagulation du lait.*

peut être appliquée que sur une petite échelle, aussi est-il préférable, dans tous les cas, de disposer de moyens de chauffage permettant d'amener le lait à la température voulue.

Cuves à fromage pour chauffer le lait. — Les cuves ou appareils de chauffage sont aujourd'hui

Fig. 61. — Cuve à fromage.

très nombreux, nous ne parlerons que des plus importants :

La cuve représentée figure 61 est en cuivre rouge étamé; elle est fixée dans une cuve en chêne, formant ainsi double-fond. La vapeur qui doit chauffer le lait est introduite dans le double-fond par le tube A, et l'eau de condensation sort en B. Par ce moyen, le chauffage est très rapide et très économique.

M. P. Gillain, constructeur à Anvers, construit

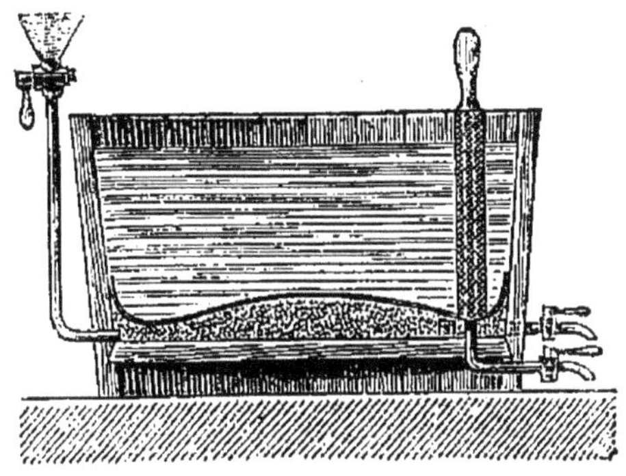

Fig. 62. — Cuve à fond convexe.

des cuves à peu près semblables (fig. 62, 63), et fond convexe; elles sont munies d'un couvercle, et

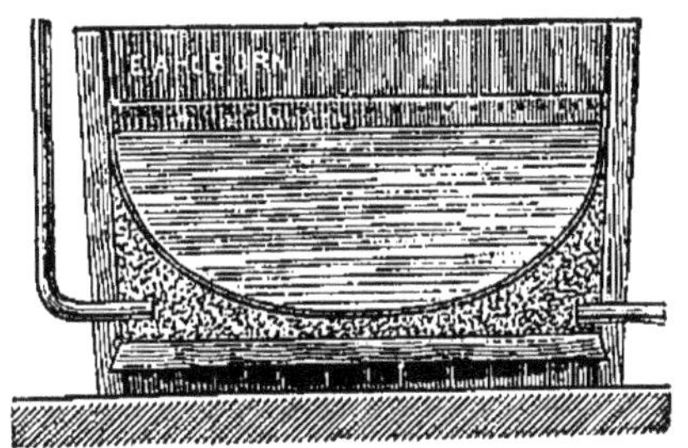

Fig. 63. — Cuve à fond concave.

la régularisation de la température se fait au moyen d'un tuyau à eau.

Pendant le caillage du lait, on couvre la cuve avec un couvercle en bois. Dans les fromageries possédant une machine à vapeur, on peut emprunter la chaleur pour la cuve à la chaudière elle-même. Sinon, il est indispensable d'avoir un générateur.

La cuve à fromage, système américain, du même constructeur, peut se chauffer directement à la vapeur ou par la circulation de l'eau chaude.

L'appareil se compose (fig. 64) d'une cuve rectangulaire en fer étamé, disposée dans une bâche en bois; cette dernière repose sur six pieds. A un bout de la cuve se trouve un réservoir qui sert à la circulation de l'eau autour du bassin. L'eau peut être chauffée directement par un poêle à circulation décrit plus loin, mais on peut la chauffer aussi au moyen de la vapeur. Dans les deux cas, la température est réglée par l'arrivée de l'eau froide dans le réservoir.

Dans le poêle avec circulation de l'eau pour chauffer la cuve dont il est question plus haut, se trouve un serpentin où circule de l'eau. Le serpentin communique avec la cuve, afin que la chaleur de l'eau accélère le caillage du lait. Des robinets permettent d'établir ou d'intercepter la circulation de l'eau dans le serpentin.

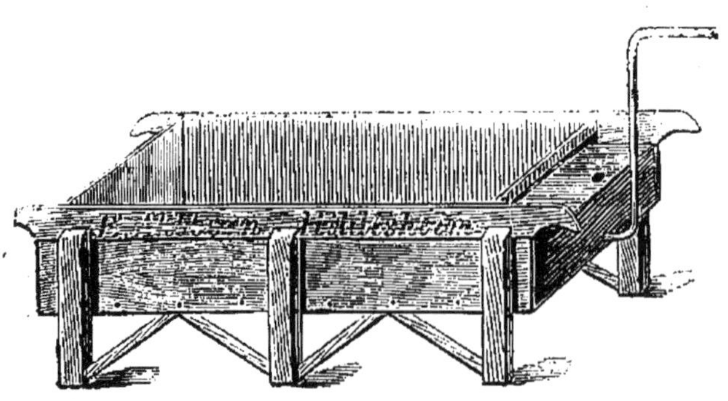

Fig. 64. — Cuve à fromage, système américain.

CHAPITRE XV

RUPTURE DU CAILLÉ

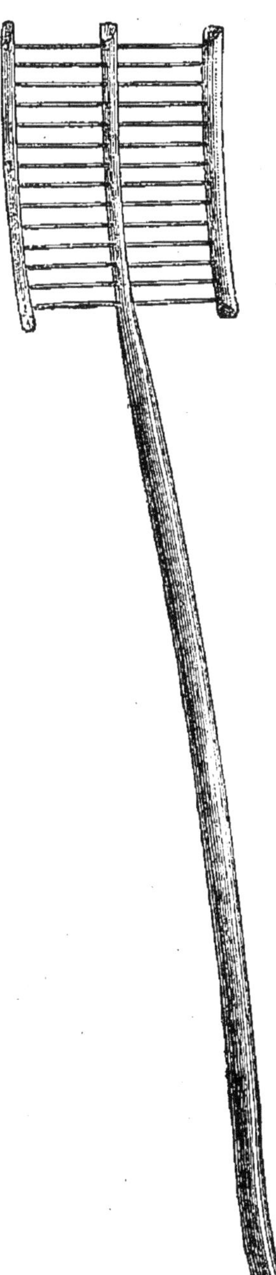
Fig. 65. — Brassoir.

Division du caillé. — Lorsque le caillé a été obtenu par les moyens précédemment décrits, il faut le rompre, c'est-à-dire le diviser dans tous les sens pour faciliter l'écoulement du petit lait qui se trouve retenu dans la masse. Généralement cette opération se fait dans le récipient même où l'on a mis la présure, mais il y a diverses manières d'y procéder. En tout cas, le but poursuivi est l'obtention de très petits fragments que l'on agite pour les agglomérer ; après quelque temps de repos, ces fragments tombent au fond du baquet. On fait écouler le petit lait ou on l'enlève avec des écuelles En tout cas, on doit obtenir le caillé à l'état de pâte molle, prête à être mise dans des moules.

Les instruments servant à rompre le caillé portent le nom de brassoirs ou moussoirs, ils varient énormément, suivant les pays et aussi suivant les différentes sortes de fromages qu'on veut obtenir; les figures 65, 66, 67 et 68 montrent plusieurs modèles de ces agitateurs.

On fait aussi usage de moulins à cailler de divers

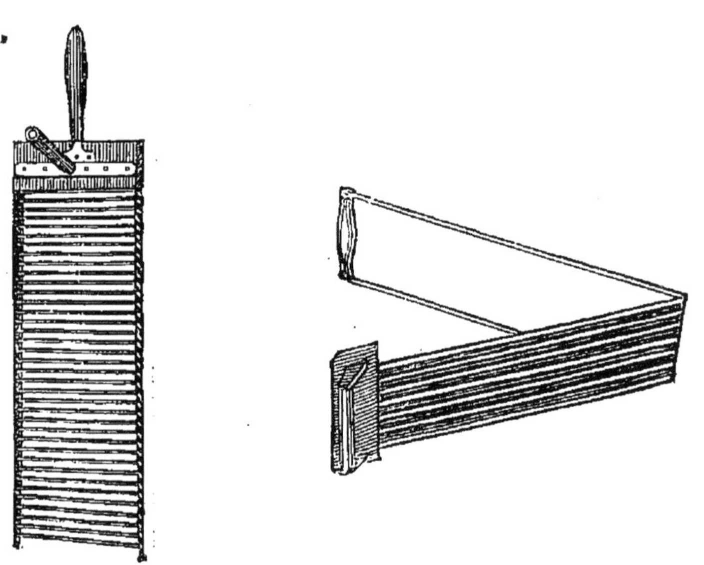

Fig. 66-67. — Agitateurs.

systèmes. Celui représenté figure 69 est un des plus communément employé. L'entonnoir contenant le caillé est en bois, à l'intérieur est un axe muni de couteaux. Ces moulins sont mus à bras.

Si la rupture du caillé a été bien faite, le petit lait qu'on recueille est clair et d'une teinte verdâtre, preuve qu'il n'en reste plus dans le caillé et qu'il ne contient plus ni matière caséeuse, ni matière grasse.

Au contraire, si le caillé n'a pas été travaillé avec

soin, autrement dit, s'il est obtenu en fragments trop gros, le petit lait est trouble et blanchâtre, ce qui prouve qu'il en reste encore dans le caillé. Or, la présence du petit lait dans le caillé est nuisible aux fromages, surtout aux fromages soumis à l'affinage. On sait aussi, fait observer M. Maigne, que plus la température est élevée quand on travaille le caillé, plus le fromage devient dur ; il perd même, si elle est trop élevée, une grande partie de ses substances grasses, et, par suite, de son poids, car le caillé durci rapidement ne renferme presque pas d'eau. On sait enfin, qu'une température trop basse empêche le fromage de prendre de la consistance et qu'il est d'autant plus mou qu'elle est plus basse.

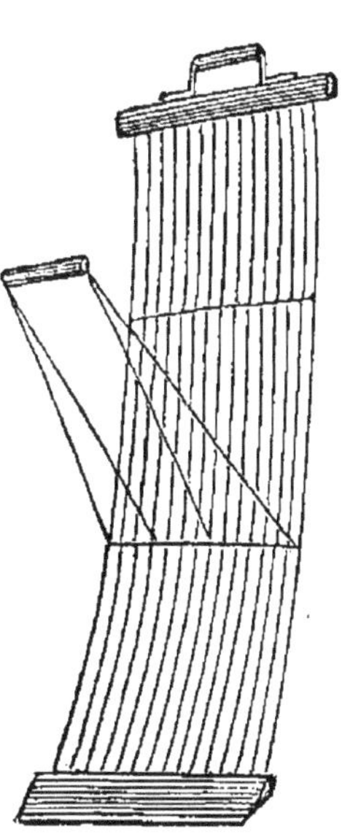

Fig. 68. — Couteau à diviser le caillé.

Mise en formes. — Le petit lait étant séparé du caillé, il faut lui donner la forme que le fromage devra avoir; cette opération de la mise en formes enlève en même temps les portions de petit lait qui restent toujours dans le caillé.

Les moules ou formes employées varient avec les divers fromages qu'on veut produire, il sont en osier, en fer blanc, en bois, etc. Les figures 70, 71 et 72 représentent quelques-unes des formes les plus communes. Nous aurons, d'ailleurs, l'occasion d'y revenir en parlant de la fabrication de quelques fromages spéciaux.

Pour les fromages à pâte molle, la mise en formes est généralement d'une extrême simplicité, pour

Fig. 69. — Moule à fromage.

les fromages à pâte ferme, le travail est un peu plus compliqué, elle est d'ailleurs complétée par la mise en presse.

Fig. 70-71. — Moules à fromage.

Mise en presse. — Cette opération s'applique aux fromages à pâte ferme. Son but est de rendre la masse très-compacte et d'en séparer en même temps les dernières traces de petit lait qui ont pu échapper à la mise en forme avant d'être soumis à la pression, les fromages sont mis dans des moules préalablement garnis d'une toile de coton ou de chanvre assez résistante.

Diverses presses à fromages sont employées, la fig. 72 est un des systèmes le plus recommandable,

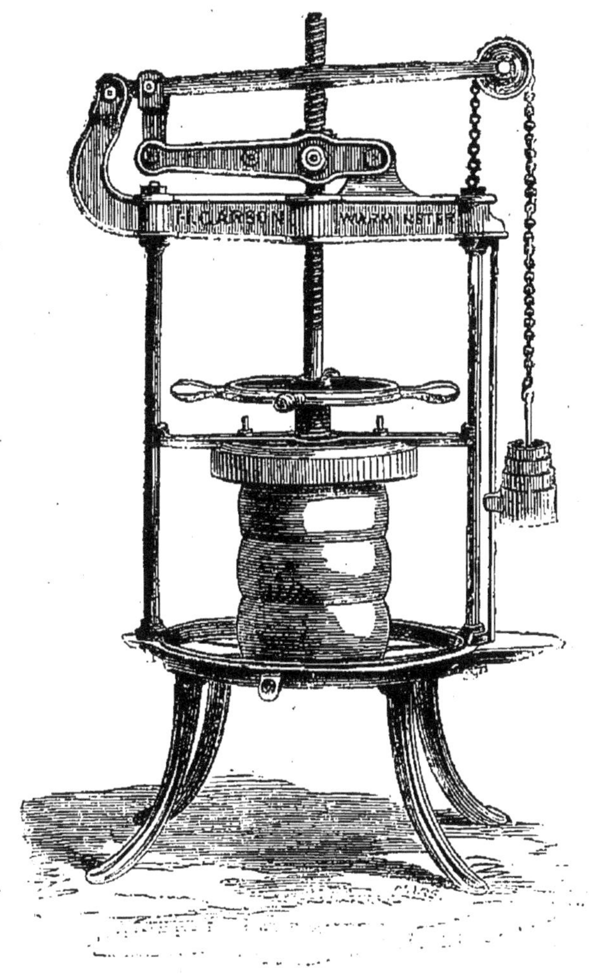

Fig. 72. — Presse à fromage.

son fonctionnement, d'une extrême simplicité, se conçoit au simple examen de la figure.

La presse à vis, système américain (fig. 73) se compose d'un châssis en bois. Sur la partie inférieure du châssis, on peut disposer de 4 à 8 moules. A travers la partie supérieure passent des vis portant à leur extrémité des pistons qui doivent s'appliquer sur les moules. Ces pistons sont disposés de telle sorte qu'ils peuvent suivre la vis dans un mouvement

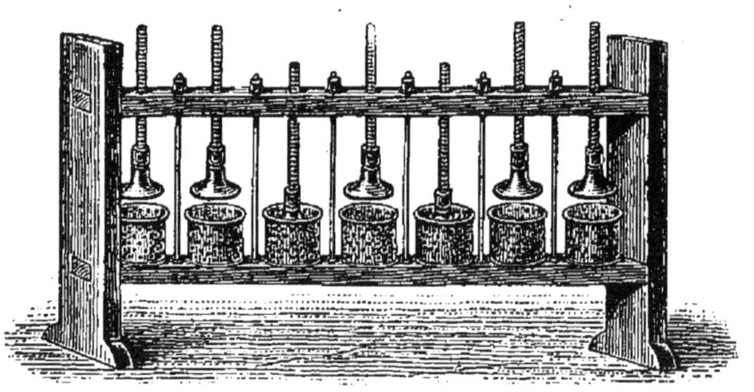

Fig. 73. — Presse à vis, système américain.

de bas en haut, mais non dans son mouvement circulaire.

Les vis se tournent au moyen d'un petit levier adapté au-dessus du piston.

La mise en presse dure généralement vingt-quatre heures, quelquefois même davantage. Pendant ce temps, on change plusieurs fois les toiles qui ne tardent pas à s'imprégner de petit lait. La pression doit être graduée, faible pendant les deux premières heures, on l'augmente peu à peu après chaque changement de toile.

Salaison. — La salaison s'applique aux fromages qui doivent être conservés plus ou moins longtemps, elle a pour but d'assurer leur conservation ; ce sont surtout les fromages à pâte ferme qui subissent cette opération.

Il faut faire usage de sel blanc bien pur et bien pulvérisé pour que la répartition soit bien régulière.

La salaison peut se faire de trois manières :

1° Salaison en pâte ;

2° Salaison en saumure ;

3° Salaison en cave.

Dans la salaison en pâte, fait observer M. Maigne, on prend le caillé aussitôt qu'il est un peu égoutté, on le verse sur une table, on le saupoudre de sel et on le pétrit avec les mains ou mécaniquement. On presse ensuite pendant quelques instants, on émiette le produit, on le couvre de nouveau de sel et on le malaxe une autre fois. Par ce mode d'opérer, le fromage se trouve salé dans toutes ses parties ; mais, si la température est froide, par conséquent si l'on est en hiver, le caillé se sèche trop extérieurement et le petit lait ne peut pas s'en séparer assez complètement.

Il y a donc des précautions à prendre pour éviter cet inconvénient.

La salaison en saumure consiste à faire fondre dans de l'eau, autant de sel qu'elle peut en dissoudre. On obtient ainsi une liqueur saline parfaitement saturée, et c'est dans cette liqueur que l'on place les fromages, après les avoir préalablement tenu en presse pendant plusieurs heures. On les laisse dans cette saumure pendant deux, trois, quatre ou cinq jours, suivant le degré de salaison qu'on veut leur donner, en ayant soin de les retourner une ou deux fois par jour, et, de plus, si la quantité de liquide n'est pas assez grande pour les recouvrir, de répandre une couche de sel sur la partie qui émerge. Inutile d'ajouter qu'il faut maintenir l'eau salée au même point de saturation par l'addition d'une quantité convenable de sel, à mesure qu'on l'emploi pour saler d'autres fromages.

Dans la salaison en cave, les fromages, pris après le pressage, sont uniformément frottés de sel sur toutes leurs faces, d'abord plusieurs fois par jour, pendant les premiers jours, puis moins souvent les jours suivants. Quant ils sont très gros, on les entoure d'un cercle de bois, d'un linge ou d'un filet, pour qu'ils ne puissent se fendre.

Ce procédé de salaison dure ordinairement huit à dix jours. On lui reproche d'exiger une main-d'œuvre considérable. De plus, on est obligé de râcler assez souvent la croûte qui se forme sur les fromages, et qui gênerait la pénétration du sel, râclage qui entraîne une perte assez grande. Dans plusieurs fromageries, lorsque les fromages ont reçu leur degré de salaison, on les lave avec de l'eau tiède ou du petit lait chaud, puis on les essuie et on les fait sécher.

Maturation des fromages. — Un grand nombre de fromages, après la salaison et le séchage, sont exposés dans un endroit frais et aéré où on les retrouve chaque jour, c'est la maturation ou *affinage* qui a pour objet de développer dans leur masse une fermentation partielle à la faveur de laquelle leur saveur, primitivement douce, se change en un goût plus prononcé qu'accompagne une odeur plus ou moins forte.

L'affinage des fromages a été étudié par M. Payen, cette étude a été reprise tout récemment par M. Duclaux qui l'a étudiée sur le fromage du Cantal. D'après une note présentée à l'Académie des sciences, en 1877, par M. Pasteur, il résulte des recherches de M. Duclaux, que lors du passage du fromage *récent* à l'état de fromage *fait*, les modifications principales ne portent pas sur la matière grasse, mais sur la caséine qui se transforme en deux albumines solubles.

Un grand nombre de microbes interviennent dans a maturation des fromages, et M. Duclaux, dans son intéressant mémoire, les a étudié d'une façon toute particulière. Parmi ces microbes, les uns sont aérobies, tels que le *Tyrothrix géniculatus*, le *T. scaber*, le *T. virgula*, le *T. tenuis*.

Ces espèces aérobies ont un grand nombre de caractères communs. Elles produisent les mêmes diastases en quantités plus ou moins abondantes, déterminent à leur aide, dans les milieux où elles vivent, que ce milieu soit du lait ou du fromage, une matière albuminoïde identique pour tous, transforment ensuite, pour leurs besoins vitaux, cette caséine transformée en produits nouveaux qui s'échelonnent en matériaux de moins en moins compliqués, de plus en plus brûlés, à partir de la matière primitive jusqu'aux sels ammoniacaux à acides gras et au carbonate d'ammoniaque.

En outre, avec les êtres aérobies, ces acides gras sont toujours saturés et même sursaturés par l'ammoniaque, ce qui les rend beaucoup moins sapides et odorants. Il n'y a jamais, en outre, avec ces microbes, de dégagement gazeux sensible. Ils se contentent de prendre l'oxygène et de le transformer en acide carbonique. Ils ne sont pas des ferments dans le sens qu'on donne d'ordinaire à ce mot. La production de gaz dans les masses qu'ils envahissent est, au contraire, le caractère commun des êtres anaérobies. Les principaux parmi ces derniers sont : Le *Tyrothrix urocephalum*, le *T. claviformis*, le *T. catenula*, etc.

Tous ces êtres aérobies et anaérobies, bien que pouvant vivre aux dépens de la caséine, n'en vivent pas tous avec la même facilité. Pour certains d'entre eux, comme le *T. tenuis*, cette caséine est un aliment admirablement bien approprié. Pour d'autres, comme le *T. catenula*, elle ne le devient qu'après avoir subi l'action de la caséine. Pour d'autres tels que le *T. virgula*, elle ne devient facilement assimilable qu'après avoir subi une transformation plus profonde, qui en fasse une matière analogue à l'extrait de viande. Pour le *T. scaber*, c'est seulement lorsqu'elle est gélatinée qu'elle est facilement absorbée.

Chacun de ces êtres prenant la caséine initiale à un certain point de son échelle de destruction, le fait descendre de quelques degrés, après quoi son action s'arrête, lorsqu'il l'a amené à un état tel qu'il ne s'en accommode plus que difficilement, et, en principe, la destruction complète de la caséine exigera le concours de plusieurs espèces [1].

1. Duclaux. *Le Lait. Études chimiques et microbiologiques*, p. 255.

Quelques microbes aérobies, qui peuvent s'accommoder d'une privation plus ou moins complète d'oxygène s'enfonceront plus ou moins dans les profondeurs de la masse, et s'y mélangeront avec les anaérobics purs. Là, il y aura fermentation et dégagement gazeux.

Une fois développés dans le masse, tous ces êtres forment, en quelque sorte, une société de secours mutuels. Ceux de la surface préparent des diastases pour ceux de la profondeur, et les préservent de l'action de l'oxygène ; ceux de la profondeur produisent des gaz qui brassent le liquide, favorisent la volatilisation du carbonate d'ammoniaque et rendent la vie plus facile aux aérobies. Quelques-uns de ces êtres prennent, comme point de départ, les matériaux élaborés par d'autres et respectés ensuite parce qu'ils sont devenus impropres ou même nuisibles. Ils les détruisent, les décomposent, les amènent à une forme plus simplifiée sous laquelle ces aliments sont repris par une espèce moins difficile. De sorte qu'en résumé, la matière organique initiale se réduit à ses éléments minéraux qui restent, et à des matières gazeuses qui passent dans l'air pour y recommencer une nouvelle série de pérégrinations.

Pendant la fermentation du fromage, il y a production d'hydrogène, d'acide carbonique, de sels ammoniacaux, d'une substance plus ou moins amère, *la leucivie,* d'une huile jaune très âcre formée de plusieurs acides volatils et odorants qui dérivent de la caséine et du beurre (acides valérianiques, butyrique, caproïque, caprylique, caprinique). Ce sont eux surtout qui forment le principe mordicant des vieux fromages; ils se développent surtout dans les fromages gras, les fromages maigres en renferment moins, aussi leur goût est-il moins marqué et leur saveur moins prononcée.

Plus les fromages vieillissent, plus l'odeur est forte et la saveur marquée. La saveur sèche de tous les fromages vieux, fait observer M. Duclaux, est imputable, en grande partie, aux acides gras fixes et à leurs combinaisons salines qui dessèchent, en effet, le palais et la langue. Enfin, quant à l'aspect, les changements subis avec le temps proviennent, presque exclusivement, des changements subis par ce corps gras. Le noircissement de la pâte est le résultat de la formation des oxyoléates d'ammoniaque et des matières résineuses noires. Si on ajoute à cela que la caséine y devient de plus en plus soluble, par le jeu des diverses actions que nous connaissons, et que sa fermeté naturelle l'abandonne de plus en plus [1], on s'explique le caractère butyreux que prennent les fromages en vieillissant, lorsqu'ils sont maintenus suffisamment humides, la coloration noire et l'aspect d'émulsion de l'éther qu'on fait servir à dissoudre leur matière grasse.

Altérations et maladies des fromages. — Il peut arriver que l'affinage des fromages se faisant mal, la masse devient le siège d'une véritable fermentation putride. Il s'en dégage alors de l'ammoniaque et des produits sulfurés. Dans cet état, le fromage est malsain, et il peut même arriver qu'il

1. Il est ici question du fromage du Cantal.

devienne vénéneux, déterminant alors des accidents semblables à ceux qu'on observe après avoir mangé des viandes corrompues.

Il arrive aussi que les fromages sont attaqués par certains champignons, notamment le *penicilium glaucum*, ils deviennent alors d'un vert glauque.

En été, il n'est pas rare de trouver, dans les fromages affinés, de grosses larves, improprement appelées *vers* des fromages. Ces larves proviennent des œufs d'un insecte diptère, le *piophila casei.*

Enfin la mite du fromage ou ciron, attaque la surface des vieux fromages, elle forme parfois une couche très épaisse. Le ciron ou *Tyroglyphe* attaque principalement le Roquefort avancé, il est visible à l'œil nu, et forme comme la transition entre les animalcules microscopiques; c'est, non pas un insecte, mais un acarien. Ils sont d'une prodigieuse fécondité quand ils sont placés dans des conditions favorables.

Au moment de la consommation, fait observer M. Cosson, il est très difficile de débarrasser le fromage de cette population parasite passablement gênante, pour ne pas dire davantage. Les huit pattes de ces petits arachnides sont, par leur conformation, autant de crampons qui les font adhérer solidement au corps qu'ils habitent. Mais, dès que le fromage est entamé, c'est comme la brèche ouverte d'une ville assiégée par laquelle des légions d'animalcules voraces pénètrent dans l'intérieur de la place qu'ils infestent de leur présence.

Une croûte profondément creusée et sillonnée accuse le passage de ces voraces animaux. Ces fromages sont consommés en grandes quantités dans les campagnes où on les fabrique. J'ai vu souvent les campagnards en manger sans prendre garde au nombreux tyroglyphes qui les recouvrent et qui passent ainsi dans les intestins. Il y a là un véritable danger pour la santé.

CHAPITRE XVI

FROMAGES A PATE MOLLE

Fromages frais. — Parmi ces fromages, les plus importants sont : le fromage à la pie, le fromage à la crème, le bondon, le fromage de Gournay.

I. — Le *fromage blanc* ou *fromage à la pie* se prépare de la manière suivante :

On abandonne le lait à lui-même dans un endroit frais, lorsque la crème est montée, on l'enlève et on fait cailler le lait par l'addition d'un peu de présure. Le caillé étant pris, on l'enlève avec une écumoire et on en remplit de petits moules en fer blanc percés de trous, on recouvre d'une planchette et on laisse ainsi quelques jours pendant lesquels le caillé s'égoutte. Ce fromage, retiré des moules, est mangé frais en y ajoutant un peu de sel au moment de servir. C'est, comme on le voit, un fromage maigre, il ne peut être conservé, car il se durcit à l'air et devient alors d'une digestion difficile.

II. — Le *fromage à la crème,* très répandu à Paris où il se vend dans de petits paniers tressés en forme de *cœur*, se prépare avec le lait non écrémé ou très légèrement écrémé, on le fait cailler au moyen de la présure en le maintenant tiède au moyen d'un bain-marie. On rompt le caillé, qui est placé dans un linge que l'on exprime en le chargeant de poids.

Le lendemain, le caillé est versé dans un vase large et on le délaye avec une quantité convenable de crème fraîche, de manière à obtenir une pâte fine et bien homogène. Celle-ci est placée dans les petits moules en osier tressés, préalablement garnis d'un linge fin. Au bout de deux heures, la pâte est suffisamment égouttée à travers le linge, et le fromage est bon à être consommé. On le mange généralement avec addition d'une certaine quantité de crème faible.

III. — Le *fromage double-crème*, également très apprécié à Paris où il est connu sous le nom impropre de *petit suisse*, car il est fabriqué à Gournay (Seine-Inférieure), notamment chez M. Gervais, se prépare de la manière suivante :

Le lait est chauffé à 25 degrés et mis en présure à cette température, le caillé obtenu est placé dans des boîtes tapissées d'une toile fine, et légèrement pressé, le petit lait s'écoule et, douze heures après, on enlève le caillé avec la toile dont on replie les bords, de manière à former une poche que l'on noue solidement; on place la poche entre des claies de bois sur lesquelles on pose des poids, de manière à exprimer le petit lait restant. Le caillé est ensuite versé sur un linge sec, puis dans un vase où on le pétrit avec de la crème fraîche jusqu'à la consistance voulue. On met ensuite la pâte obtenue dans des moules.

Pour cela, fait observer M. Morière, on se sert d'une plaque de fer-blanc percée d'ouvertures, dont chacune correspond à l'orifice supérieur d'un cylindre présentant les dimensions de chaque fromage. Ces cylindres sont placés sur un socle percé de petits trous; on tapisse l'intérieur de chaque cylindre avec une bande de papier portant le nom du fabricant; puis on remplit les moules avec de la pâte encore molle. On la comprime avec la main dans chaque cylindre, et on enlève l'excédent avec une planchette; on détache ensuite les moules et la plaque à laquelle ils sont soudés, et les cylindres de fromage enveloppés demeurent debout sur le socle; on les réunit par douzaine dans des boîtes de bois blanc, dans lesquelles ils sont expédiés.

M. Gervais emploie chaque jour 150 ouvriers et utilise le lait de 3.000 à 4.000 vaches [1].

IV. — Les *fromages Bondons de Rouen* sont également des fromages frais à double crème; ils ont la forme de cylindre de 4 centimètres de diamètre sur 7 de hauteur.

Les fromages de Coulommiers frais, les Neufchâtels frais, les Malakoffs, les petits canés, ont beaucoup d'analogie avec les précédents.

Fromages affinés. — Les plus importants dont nous ayons à nous occuper sont : le Marolles, le Camembert, le Livarot, le Pont-l'Évêque, le Coulommiers affiné, le Brie, le Géromé et le Mont-d'Or; ces fromages sont les plus nombreux et occupent en France une place importante dans l'alimentation.

I. — Le *fromage de Marolles* était déjà connu au XVIe siècle, il se fabrique surtout dans le département du Nord.

1. M. Morière : *L'Industrie fromagère dans la Seine-Inférieure.*

Le lait, venant d'être trait, est caillé par la présure, puis on le place dans des moules percés de petits trous et on le laisse égoutter; on le presse ensuite légèrement avec une planchette et des poids, au bout de quelques heures on l'enlève des moules et on le place sur des paillassons. Ceci fait, on sale la pâte et on l'abandonne pendant quelques jours dans un endroit frais, en ayant soin de le retourner de temps à autre. Puis on le fait sécher quelques semaines sur des claies. Les fromages de Marolles sont conservés dans des caves et on les mouille de temps à autre avec de la bière.

Ce fromage a une très forte odeur, on en consomme beaucoup dans le nord de la France.

II. — Le *Camembert* est un fromage très délicat et qui réclame des manipulations longues et méticuleuses.

Le lait est mis en présure à une température assez basse, presque à celle de la traite, surtout si l'air ambiant est un peu chaud. Le caillé est placé ensuite par tranches dans des moules cylindriques en fer blanc, posés sur des claies de jonc : il ne tarde pas à s'affaisser et à devenir compact. On retourne alors le moule et on sale légèrement le fromage. A la sortie du moule, nouveau salage; le fromage est ensuite porté au séchoir, pièce fortement ventilée, où commence à se développer cette végétation cryptogamique qui indique la maturation des fromages. Au bout d'une semaine ou deux, il passe dans la cave de perfection où on le maintient dans une atmosphère douce et chaude qui achève le développement des moisissures. La pâte atteint alors une consistance molle, élastique, homogène. La partie grasse du fromage prend un accroissement notable, une sorte de prépondérance. Comme l'a dit si justement M. Aimé Girard, *la crème se refait.*

Ceci explique pourquoi, dit M. E. Chesnel, dans le Nord, en Danemark, en Suède, où l'on ne fabrique que des fromages maigres, on a pris l'habitude de manger le fromage avec du beurre : on lui restitue ainsi, après coup, la matière grasse dont il a été privé.

Cette coutume, qui tend à pénétrer en France, est évidemment un contre-sens chez nous, lorsque nous mangeons des fromages de consistance molle tels que le Brie, le Camembert, le Livarot.

Les moisissures qui couvrent le fromage ont une importance considérable ; car elles sont à la fois l'indice et le résultat de la maturation. Les principaux cryptogames qui composent cette végétation s'appellent : *Oïdium aurotiacum. — Mucor racemasus, Penicilium glaucum, Aspergillus glaucus.*

III. — Le *fromage de Livarot* (Calvados) se fabrique en prenant du lait de vache préalablement écrémé, qu'on chauffe à une température voisine de 40 degrés, puis on le verse dans un grand baquet et on met en présure à 36 degrés environ.

Lorsque le caillé est formé, ce qui arrive au bout d'une heure et demie, celui-ci est rompu d'une façon aussi complète que possible, puis on l'enlève du baquet et on le dépose sur des toiles où il reste une demi-heure. On le met ensuite dans des formes sans fond, percées de trous, où il s'égoutte et prend de la consistance, cette opération ne doit pas dépasser trois jours, toutefois, sa durée dépend de la saison et de la température; dans l'intervalle, les fromages sont retournés six ou sept fois.

Après quoi, les fromages sont sortis des formes et salés dans tous les sens, puis placés sur des tables en pierre légèrement inclinées où on les laisse trois ou quatre jours.

De là, on les transporte généralement au séchoir où ils restent environ trois semaines, moins en été, plus en hiver, puis on les porte dans des caves où l'air ne circule pas; ils sont placés sur des planches et on les retourne trois fois par semaine en les humectant légèrement avec de l'eau claire.

Après dix jours d'affinage, on les enveloppe sur leurs tranches avec des feuilles de *typha latifolia* découpées en fines lanières,

Après quatre mois de cave, ils sont livrés au commerce.

IV. — Le *fromage de Pont-l'Évêque* ou *Augelot* était déjà très apprécié au XIIIe siècle, ils ont la forme carré peu élevée.

Pour les fabriquer, on fait cailler le lait après l'avoir légèrement chauffé, puis on coupe le caillé dans tous les sens et on l'exprime pour enlever le petit lait. Au bout d'un quart d'heure, le caillé est disposé sur des nattes de roseau où l'égouttage se continue; après quoi, la pâte est versée dans des moules carrés que l'on pose sur des nattes où on les retourne deux ou trois fois par jour. Quarante-huit heures après, les fromages sont retirés des moules et salés. Ceci fait, on les porte au séchoir, où ils sont placés sur de longues échelles recouvertes de paille et placées dans un lieu bien aéré.

Les fromages y restent trois ou quatre jours pendant lesquels on les retourne une fois par jour.

Lorsqu'ils sont secs, on les met dans une boîte et on les place dans une cave, là, ils sont recouverts d'un linge, et on les retourne chaque jour.

V. — Les *fromages affinés de Coulommiers* ont assez de ressemblance avec le Brie; ils sont un peu plus petits.

VI. — Le *fromage de Brie* se prépare dans les départements de l'Aube, de la Marne, de l'Aisne, de Seine-et-Marne et de Seine-et-Oise, c'est en Seine-et-Marne qu'on fabrique les plus estimés; leur renommée est universelle,

Voici comment on procède à sa fabrication dans ce département:

Le lait, immédiatement après la traite, est passé au tamis, puis on met en présure à 30 ou 33 degrés, en employant de la présure faible; la coagulation dure de trois à quatre heures. On procède ensuite à l'égouttage, cette opération doit être effectuée sans qu'il soit besoin de rompre ou de presser le caillé pour ne pas altérer l'homogénéité de la masse; on y parvient en découpant le caillé en tranches horizontales minces, en promenant, dans une direction un peu inclinée dans le vase qui le renferme, une petite assiette métallique à bords tranchants nommée *saucerette*. Les tranches ainsi obtenues sont étalées, sans les briser, dans un moule en bois d'une hauteur de 6 centimètres environ, ce moule devra former un fromage. On ne le remplit tout d'abord que jusqu'à 2 centimètres de hauteur, ce n'est qu'au bout de douze heures qu'on achève le remplissage avec la traite suivante. On abandonne ensuite la masse à une température de 15 degrés et l'égouttage se produit.

Les fromages doivent être déposés sur des tables en ardoise, car le sérum qui s'écoule est très acide et attaquerait le bois et même le métal, cette acidité est due à l'acide lactique qui s'y trouve dans la proportion de 3 à 3 gr. 8 par litre.

Toutefois, ce liquide d'égouttage renferme aussi une certaine quantité de caséine en solution et en suspension, environ 1 p. 100, ce qui constitue une perte notable.

Le fromage s'égoutte ainsi pendant trente-six heures environ, puis on l'introduit entre des éclisses reposant sur une claie de jonc où l'égouttage se continue pendant vingt-quatre heures. Au bout de ce temps, on enlève l'éclisse et on sale avec du sel fin, le plus blanc possible, distribué très régulièrement à la surface du fromage. Le fromage est ensuite abandonné à lui-même pendant douze heures pour le laisser pénétrer par le sel. Après quoi, on le retourne et on sale l'autre côté, on laisse ainsi le fromage pendant vingt-quatre heures dans le saloir, après quoi, il est transporté au séchoir, dont la température doit être à 14 degrés. A ce moment, le fromage a encore bien peu de consistance. Au bout de quelques jours, le fromage prend le *bleu*, c'est-à-dire qu'il s'y développe un pénicillium; pendant le développement de ce cryptogame, il faut éviter l'élévation de température, autrement la plante fructifierait, et ses bouquets de spores donneraient le *noir,* si redouté des fermières de la Brie.

Le premier jour, les fromages sont placés sur la plus élevée des étagères du séchoir, et tous les jours le fromage est descendu d'un échelon et retourné deux fois, ce qui permet le développement du cryptogame sur les deux faces. La végétation de cette moisissure a pour effet de détruire l'acidité du fromage. Dès que la neutralité est à peu près atteinte, on voit apparaître, au-dessous de la couche bleuâtre, une couche rougeâtre plus abondante dans les creux. A partir de ce moment, les cryptogames bleus et rouges se développent concurremment, toutefois lorsque le rouge prédomine notablement, les fromages sont expédiés dans les *caves de perfection* des marchands au détail où s'achève l'affinage.

Ordinairement, dit M. Pouriau, les fromages gras et peu salés sont bons à manger au bout d'un mois, ceux plus salés et emprésurés plus fermes, au bout de cinq à six semaines seulement. Quant aux fromages dits de *saison,* leur affinage complet demande deux mois et demi à trois mois, de telle sorte que, fabriqués au commencement de l'automne, ils ne sont guère mis en vente avant le 15 décembre. Ces fromages offrent l'avantage de ne jamais couler et ont un goût exquis; on les fabrique surtout dans les environs de Coulommiers et de Melun.

Pour juger si l'affinage d'un fromage de Brie est parfait, les détaillants opèrent comme il suit :

Le fromage étant fraîchement coupé sur une certaine longueur, ils exercent avec le doigt une légère pression à la surface et sur le bord de la section fraîche. Si la matière caséeuse, réduite en bouillie homogène, ne coule pas sous l'influence de cette pression légère, mais forme simplement un bourrelet extérieur, ayant pour épaisseur celle même du fromage, ce dernier est parfait comme affinage[1].

M. Duclaux ayant analysé quelques fromages de Brie de bonne qualité, a trouvé :

	N° 1.	N° 2.
Eau.	53.84	50.05
Matière grasse	24.60	27.04
Caséine insoluble. . .	11.75	19.34
Casaéine soluble . . .	5.65	»
Sel marin.	3.26	2.67
Cendres	0.90	0.90
Total :	100.00	100.00

VII. Le *fromage de Géromé* se fabrique surtout aux environs de Saint-Dié et de Remiremont; c'est surtout à Paris et à Nancy qu'on en consomme de grandes quantités. Son nom lui vient, par corruption, du nom de Gérardmer, commune des Vosges.

Le lait de vache est mis en présure, une demiheure après le caillé est rompu ; puis on enlève le petit lait avec une passoire, en s'y prenant à plusieurs reprises, en continuant chaque fois de rompre le caillé.

Après quoi, la pâte est mise en forme dans des moules cylindriques en bois, qu'on place sur des tablettes à claire-voie installées dans une chambre dont la température est voisine de 16 degrés.

1. A.-F. Pouriau : *La laiterie*, p. 317.

L'égouttage se produit alors; lorsqu'il est terminé, les fromages sont sortis des moules et frottés pendant cinq à six jours consécutifs avec du sel et chaque fois essuyés avec un linge humecté d'eau tiède. Enfin, on porte dans un séchoir bien aéré.

Après quelques jours de séchage, les fromages sont portés dans une cave où ils restent environ trois mois; l'affinage est à point lorsque les fromages sont rouge-brique extérieurement.

Le *fromage de Munster* (Haut-Rhin) se fabrique à peu près de la même manière, avec quelques modifications de détail.

VIII. Le *fromage de Mont-d'Or* se fabrique avec du lait de chèvre. On le prépare dans la localité du Mont-d'Or, dans le Rhône, à quelques kilomètres de Lyon.

Voici comment M. Martegoutte a décrit cette fabrication[1]. « On ne trait les chèvres du Mont-d'Or que deux fois par jour, le matin et le soir. On présure à froid, à une température d'environ 12 degrés, toujours facile à obtenir au moyen d'un lieu frais. Un quart d'heure en été, une demi-heure en hiver suffisent pour que le lait soit pris, et les présures dont on se sert ressemblent à toutes celles que l'on emploie pour les fromages analogues; ce sont des caillettes de chevreau, macérées dans du vin blanc en été, et dans du petit lait aigri en hiver; le tout avec un peu de sel, aromatisé parfois, suivant les goûts, avec du persil, du girofle, de la cannelle, ou des herbes odoriférantes.

1. *Journal d'agriculture pratique*, 1850.

« Le caillé fait, il est enlevé avec une cuiller percée de trous et déposé, en le pressant, dans de petits moules en forme de boîtes à dragées, également percées, afin de laisser échapper le restant du petit lait qui se dégage. Les moules sont indifféremment en terre cuite vernissée, en faïence et en bois ; l'essentiel est qu'ils soient tenus fort propres. On les place dans un lieu frais, sur des tablettes en osier ou en paille sur liteaux, et on les y laisse pendant vingt-quatre heures en été, et en hiver, pendant deux ou trois jours, jusqu'à ce que les fromages soient parvenus à un degré de fermeté suffisant. La salaison a lieu pendant cet intervalle, à moins que l'on n'ait salé suffisamment par la quantité de sel mêlé à la présure. Les fromages sont vendus et ordinairement consommés dans la localité en cet état, c'est-à-dire à l'état frais.

« Quant on les affine, et c'est en cet état qu'ils parviennent à leur plus haute valeur, il faut, suivant le degré de l'affinage, de un à deux mois de plus. Les négociants en fromages de Lyon les plus renommés, surtout ceux de la rue Buisson, près de l'église Saint-Nizier, font un secret de leurs procédés. Voici néanmoins ceux qui sont en usage sur le Mont-d'Or. On se contente, chez M. de Saint-Romain, après les avoir simplement trempés dans du vin blanc, de placer les fromages, pressés entre deux assiettes, dans un endroit frais exposé à l'air, et de les retourner de temps en temps. Ailleurs, on les imbibe également encore de vin blanc, mais en y ajoutant des feuilles, soit de persil, soit de cresson, soit de toute autre herbe aromatique.

On compte qu'une chèvre, en vingt-quatre heures, donnant du lait pendant neuf mois de l'année, fournit deux fromages valant 40 centimes. Aussi l'industrie fromagère du Mont-d'Or est-elle fort rémunératrice.

CHAPITE XVII

FROMAGES A PATE FERME

Division. — Ces fromages peuvent être groupés en deux sections bien distinctes :

1° Les fromages pressés et salés;

2° Les fromages cuits, pressés et salés, ou fromages de chaudières.

Ces fromages étant fort nombreux, nous bornerons notre examen aux plus importants.

Fromages pressés et salés. — Les principaux sont : le fromage d'Auvergne ou du Cantal, le fromage de Hollande, le fromage de Roquefort et le fromage de Chester.

I. Le *fromage d'Auvergne*, surtout fabriqué dans le *Cantal*, où on le désigne sous le nom de *fourmes*, est à pâte jaunâtre, d'une saveur fade et piquante.

Il se fait avec du lait de vache, dans de grossiers chalets appelés *burons*. Après la traite, le lait est coagulé au moyen de la présure, puis abandonné à lui-même, pendant une heure environ, il acquiert alors une température d'environ 32 degrés.

Après une heure de repos, le caillé est rompu à l'aide d'un instrument en bois appelé *frénial*, on obtient ainsi de très petits grumeaux qui ne tardent pas à se précipiter au fond du vase; on réunit le tout en un seul bloc, formant un gâteau élastique. Celui-ci est placé sur une table basse triangulaire portant une rigole sur les côtés; là, le caillé est fortement pétri avec les coudes et les genoux, pour en exprimer tout le petit lait. Cette manipulation demande au moins une heure; lorsqu'elle est terminée, on laisse reposer le bloc obtenu en le chargeant de pierres, le restant du petit lait s'égoutte et il s'établit une légère fermentation ayant pour résultat de rendre la pâte plus onctueuse, en même temps qu'une certaine quantité d'acide carbonique se dégage et produit, dans la masse, un léger gonflement dû aux nombreux vides ou yeux qui s'y forment.

Le bloc ainsi obtenu porte le nom de *tome soufflée.* Cette tome est intérieurement jaunâtre, plus onctueuse et plus liante, elle laisse suinter de l'eau à la moindre pression. Celle-ci est enlevée par une compression énergique; toutefois, on y laisse la proportion de 45 p. 100 d'eau, car, en poussant au delà, on retirerait de la matière grasse. Sous cet état, la pâte est très liante, reste à en former une masse compacte; pour cela, les tomes sont triturées entre les mains, de manière à les diviser en fragments qu'on saupoudre de sel, et la masse est disposée par lits successifs dans un moule en bois appelé *fachine,* qui, une fois rempli, est soumis à l'action de la presse, où il reste pendant trente-six heures environ; durant cet intervalle, le fromage est retourné plusieurs fois. Il s'écoule ainsi une certaine quantité d'eau. Au sortir de la presse, les fromages sont sortis des moules et déposés dans des caves, sur des planches, où se fera la maturation. Celle-ci doit être conduite avec soin. Les fromages sont fréquemment retournés et frottés avec un linge propre, imbibé d'eau fraîche en hiver, d'eau salée en été pour éviter les vers.

Arrivé à maturation complète, le fromage du Cantal présente une composition voisine de la suivante, d'après les analyses de M. Duclaux :

	Fromage de Salers.
Eau.	44,8
Matière grasse.	22,5
Caséine	12,4
Albumine	10,6
Matières solubles dans l'eau. . .	7,5
Sel marin	2.2

II. Le *fromage de Hollande* ou d'*Édam* est fabriqué avec du lait écrémé, soit 80 p. 100 de lait doux et 20 p. 100 de lait écrémé. Au moment de la mise en présure, ce mélange doit être à une température voisine de 32 degrés, on y arrive en ajoutant au lait de l'eau fraîche ou bien en en faisant chauffer une partie. En même temps qu'on met en présure, on ajoute 250 grammes par 100 kilogrammes de colorant, cette teinture est désignée en Hollande, sous le nom d'*Annato*.

La coagulation dure vingt minutes; le caillé est coupé au moyen d'un diviseur formé d'un rectangle sur lequel sont tendus parallèlement des fils métalliques.

On obtient aussi des grumeaux que l'on agite sans cesse; lorsqu'on cesse cette agitation, les grumeaux tombent au fond de la cuve, alors on enlève avec un seau la plus grande partie du sérum.

Après un quart d'heure de repos, le caillé est divisé en cubes égaux au moyen d'un grand couteau en fer-blanc; le petit lait qui reste après cette opération est égoutté, et on pétrit vigoureusement la masse contre les parois de la cuve; on met ensuite en forme. Les moules employés se composent de deux pièces formant chacune une demi-sphère munie d'un pied. Toutefois, avant la mise en forme, le caillé est divisé au moyen d'un moulin, en même temps, on ajoute une certaine quantité de sel. Le caillé bien pulvérisé, ainsi obtenu, est mis dans les formes et portés à la presse; divers presses sont employées en Hollande, toutefois l'emploi de la presse Ahlborn tend de plus en plus à se généraliser. Au bout de deux heures, on retire le fromage et on le plonge dans du petit lait, après quoi, on l'enveloppe dans un linge fin, et le fromage étant retourné, on le replace dans le moule et ensuite sous la presse.

Après une pression de douze heures, les fromages sont placés dans les moules à saler, qui sont de même forme que les précédents. Plusieurs de ces moules sont réunis dans un grand coffre, dont le fond, légèrement incliné, est muni de rainures laissant écouler la *saumure*, c'est-à-dire le liquide salé qui a traversé les fromages, car en les introduisant dans ces moules, on a eu soin d'ajouter du sel; d'abord une pincée à la surface de chaque fromage le premier jour; le second jour, le fromage étant retiré du moule, on le roule dans du sel humide et on le remet en place. Cette opération est répétée pendant une dizaine de jours, et le fromage passe ensuite dans la saumure; de là, après avoir été essuyé, il est déposé au séchoir. Là, une fois par semaine, on frotte le fromage avec une brosse en chiendent et on le retourne chaque jour; s'il se produit des fissures, on les bouche avec du beurre frais. On continue ainsi pendant un mois. Le deuxième mois les fromages sont retournés tous les deux jours seulement, le troisième mois on retourne une fois par semaine.

Le brossage qu'on fait subir aux fromages a pour but de les débarrasser des germes de moisissures et des œufs d'insectes qui se sont développés à la surface, et dont la multiplication entraînerait la décomposition putride. Enfin, après quelques semaines, on enduit la surface d'huile de lin qui met un obstacle définitif au développement des cryptogames.

Pour l'exportation, les fromages de Hollande ou *têtes de maures* sont colorés extérieurement. Ceux qu'on doit diriger sur l'Espagne et l'Angleterre sont colorés en jaune orangé avec quelques gouttes de rocou délayé dans de l'huile de lin; ceux qui vont en France sont revêtus d'une mixture colorante ainsi composée :

Eau.	10 k.
Pâte de tournesol rouge (croton tinctorium)	6 k.
Rouge de Berlin	0 k. 400
Pour 1,000 fromages.	16 k. 400

Ainsi enduit de colorant, on laisse sécher les fromages pendant quelques jours; après quoi on enduit la croûte d'un peu de beurre teint en rouge par quelques pincées de rouge de Berlin.

Ainsi préparées, les têtes de maures se conservent frais pendant des années, dans les magasins, à bord des navires et dans les régions tropicales.

III. Le *fromage de Roquefort* est une des principales productions nationales françaises, à titre exclusif, c'est le *Roi des fromages,* qu'en raison des conditions spéciales qui se trouvent réunies à Roquefort, on ne saurait fabriquer ailleurs. En raison même de son importance, nous devons donc quelque peu développer la description de cette industrie. Nous prendrons pour guide l'excellent mémoire sur les corps gras alimentaires de M. A. Robinson, et la notice publiée par le directeur de la Société des Caves réunie de Roquefort.

L'industrie fromagère de Roquefort remonte à la plus haute antiquité, et certes, c'est bien de ce produit que Pline fait mention, en termes pompeux, en parlant du fromage que la colonie de Nîmes envoyait à Rome, et qui se fabriquait dans les montagnes de la Lozère (Luzara).

Les qualités de ce fromage lui ont valu, de nos jours, le titre de roi des fromages, qu'il justifie pleinement, les sites pittoresques où paissent les brebis qui sécrètent le lait nécessaire à sa confection, les grottes ou caves artificielles ouvertes dans les larges déchirures du Larzac, cette industrie qui donne la vie à une population qui s'accroît de jour en jour, et dont les habitations sont plantées au pic même des débris de la montagne qui, en se séparant, a constitué ces déchirures, ces couloirs sauvages et industriels à la fois, ont donné lieu à bien des écrits, mais ces écrits remontent à des époques fort éloignées déjà, et les documents statistiques qu'ils renferment à ce sujet ne donnent qu'une faible idée de la valeur industrielle et commerciale de ce produit.

L'industrie fromagère de Roquefort a pris naissance dans l'arrondissement de Saint-Affrique, dans un lieu situé sur le revers septentrional du plateau de Larzac, entre cette dernière ville et Saint-Rome-de-Cernon; c'est là qu'est le village auquel elle emprunte ce nom.

Les brebis qui fournissent le lait, appartiennent à la race de Larzac; les bonnes laitières ont la poitrine étroite et sans profondeur, les flancs larges, le ventre gros, les épaules et les cuisses minces, et surtout le pis très développé, la peau fine et souple.

Le prix moyen d'une brebis âgée de trois ans est de 25 francs. Les vieilles brebis, qu'on réforme à sept ou huit ans, se vendent 15 francs.

Le produit moyen que donne, par an, une brebis bien nourrie et bien soignée, se décompose ainsi :

Lait	24 »
Laine	5 50
Agneau.	5 »
Total.	34 50

A ce produit il faut ajouter le fumier.

Ces brebis sont nourries et soignées avec une sollicitude toute particulière :

Dès les premiers jours de printemps, elles sortent de l'étable pour être conduites aux pâturages où elles sont cantonnées de façon à leur faire parcourir successivement, en broutant, toute la surface du champ.

Pendant toute cette vie des champs, de soleil et d'air pur, les brebis parcourent lentement, sans inquiétude et sans fatigue, la surface qui leur est dévolue, de façon à ne rien gaspiller de l'herbe qu'elle broutent jusqu'au collet comme si on la coupait avec la faux. De temps en temps, elles vont s'abreuver, non d'une eau vive et froide, mais au sein des mares bien appropriées et dont l'eau est échauffée sous l'action des rayons du soleil.

Vers la fin de l'automne, au moment où la belle saison touche à sa fin, lorsque les nuits sont fraîches et que les brouillards, si pernicieux aux brebis, couvrent la surface du sol, les troupeaux rentrent à l'étable, où une nourriture de sainfoin, de trèfle ou de luzerne les attend au râtelier, et où une boisson nourrissante et rafraîchissante à la fois, l'eau blanchie à l'aide de farine d'orge, succède à celle des mares. Mais les brebis ne restent pas tout l'hiver confinées dans l'étable, car, dès qu'un rayon de soleil apparaît, ou qu'une journée est belle, on se hâte de les faire sortir pour les égayer, en leur faisant respirer, pendant quelques heures, un air pur.

La qualité du fromage repose essentiellement sur la nature du lait qui a servi à le fabriquer. Plus la nourriture est abondante, substancielle et très peu aqueuse, plus le lait que l'animal sécrète est abondant en caséine et en principe sucré. Partant de ce principe, que la nourriture d'hiver, presque toute formée de fourrages secs, est d'une influence remarquable sur la richesse du lait, et, par suite, sur la qualité du fromage, certains fermiers en conservent une provision pour la saison des pâturages qui se font alternativement sur les plateaux et dans les vallons ou sur les flancs des coteaux. Cette addition de nourriture sèche a pour but de mitiger l'action délayante de la nourriture des pâturages; elle a lieu le matin, avant le départ du troupeau pour les champs, et le soir, à leur retour à la bergerie. De plus, tous les trois jours, on fait une distribution de sels aux brebis, qui en sont très friandes, cela leur aiguise l'appétit et facilite leur digestion.

On trait les brebis deux fois par jour : le soir et le matin. Chacun y participe, valets et servantes.

Un troupeau de deux cents brebis exige, généralement, sept individus pour traire.

Le lait obtenu, on le porte à la ferme où il est écrémé dans le but d'enlever les impuretés qu'on aurait pu entraîner pendant la traite; puis il est soumis à un repos de trois heures, et ensuite passé à travers un linge ou un tamis à mailles serrées pour le purifier tout à fait.

La traite du soir est chauffée suivant qu'elle provient d'une alimentation aqueuse ou que la température était humide pendant qu'elle se faisait. Souvent on l'élève jusqu'au moment de l'ébullition, sans jamais la dépasser. Cette nouvelle opération est fort délicate, et ce n'est qu'à la suite d'une longue pratique qu'on arrive à la bien remplir. Elle est, d'ailleurs, d'une importance extrême au point de vue de la bonté du fromage.

Après la chauffe, on divise le lait en plusieurs portions dans des vases en terre cuite vernissée, larges de superficie, étroits à la base, afin de faciliter la montée de la crème à la surface. Dès que cette dernière est montée, soit le lendemain au matin, on l'enlève, à l'aide d'une écumoire en cuivre ou en fer battu et étamé, pour en faire du beurre.

Cet écrémage, qu'il ne faut pas pousser trop loin, dans la crainte d'avoir une pâte sèche, friable et sans délicatesse, a pour but de donner au fromage cette blancheur légèrement bistrée et bleuâtre, qui est un de ses caractères physiques, et aussi, pour l'empêcher de durcir, ou mieux, afin de lui conserver du moelleux. On mêle alors la traite du matin à celle du soir, on chauffe le tout dans un chaudron de cuivre de façon à élever la température du mélange à celle de la traite que l'on vient de faire. On y ajoute, hors du feu, la présure, soit une cuillerée environ pour cinquante litres de lait, selon sa densité et la température ambiante. On agite, à l'aide d'une baguette, puis on soumet le tout à un repos absolu, jusqu'à ce que le caillé soit formé.

La coagulation du caillé étant parfaitement effectuée, on procède à sa division en promenant dans sa masse, en tous sens, une écumoire. A mesure que le petit lait se sépare du caillé, on l'enlève à l'aide d'une bassine. La masse du caillé est ensuite lentement et graduellement pressée avec un moule à fromage, et le petit lait qui en jaillit est successivement enlevé.

Lorsque la pâte, vigoureusement pressée à la fin, ne laisse plus suinter le petit lait, on procède à la mise en moule.

Les moules, ou *fesselles*, sont en terre cuite émaillée à l'intérieur. Ils sont cylindriques et percés de trous d'un diamètre de 5 à 6 millimètres. Ils ont 0^m21 de diamètre intérieur et 0^m90 de profondeur, de façon à rendre chez le fermier un fromage du poids de 3 kil., qui, à la sortie des caves, se trouve réduit à 2 kil. ou 2 kil. 50.

Voici comment la pâte est disposée dans le moule : on met au fond une première couche que l'on tasse bien, de façon à ce qu'elle s'élève au tiers de la hauteur du moule ; on en saupoudre légèrement la surface avec du pain moisi réduit en poudre, que l'on incorpore légèrement à la pâte avec les doigts. C'est ce pain moisi qui doit produire ce penillé bleu caractéristique du Roquefort. Ce pain moisi est considéré par les fabricants qui suivent l'opération des caves, comme une des conditions nécessaires à la transformation du fromage. Pour cette raison, ils le préparent eux-mêmes avec un soin extrême afin qu'il soit toujours d'une qualité égale et supérieure, et le débitent ensuite aux fermiers. On passe ensuite à une seconde couche de pâte, qui est tassée et saupoudrée de même, et qui occupe le second tiers de la hauteur du moule. On agit de même pour une troisième et dernière couche, mais sans la saupoudrer de pain moisi ; cette dernière couche, bien liée par le tassement à la seconde, comme celle-ci l'est à la première, est disposée de façon à offrir un bombement ou une surélévation à la surface sphérique d'environ 0^m07 à 0^m08 au-dessus du bord du moule, afin que par le tassement particulier auquel on soumet la pâte contenue dans chaque moule, elle arrive à n'occuper que la capacité intérieure de ce dernier.

Un second moule étant rempli de même, on le place perpendiculairement sur le sommet de la pâte du premier, et on le recouvre lui-même d'un moule vide ou d'une assiette en plomb. C'est par ce moyen de pression que là pâte en excès s'égoutte, se tasse, et remplit simplement la capacité de chaque moule. Les moules ainsi remplis et disposés, on les place dans le *trennel,* espèce de niche au fond de laquelle on a pratiqué une série de rigoles qui facilitent l'écoulement du petit lait à mesure qu'il s'égoutte à travers les trous des moules. Ces derniers sont conservés dans le trennel jusqu'à ce que la pâte ne rende plus de petit lait, et on a le soin, pendant ce temps, de retourner les fromages dans leurs moules deux fois par jour, afin que le tassement soit plus régulier et que les deux faces soient parallèles entre elles. Le séjour en trennel est habituellement de deux à trois jours; il a lieu au sein d'une température douce et humide à la fois, qui émane de vases pleins d'eau bouillante que l'on place dans le trennel et que l'on renouvelle de temps en temps. Cette chaleur, qui se développe incessamment autour des fromages, a pour but de faciliter l'évacuation du petit lait interposé entre les molécules de la pâte. Cette opération accomplie, on retire les fromages de leurs formes et on les met au *séchoir.*

De même que tous les locaux que l'on destine à

sécher les fromages, le séchoir doit être placé au nord, de façon à offrir cette double condition : sécheresse et fraîcheur, tout en permettant à l'air extérieur un libre accès et une circulation continue. Les ouvertures sont garnies de toiles métalliques serrées, afin d'empêcher l'introduction des insectes.

Autour des murs du séchoir on dispose des tablettes recouvertes de linges bien lessivés, sur lesquels on place les fromages au fur et à mesure de leur sortie du trennel. Ils demeurent là deux ou trois jours au plus, suivant l'état de l'atmosphère ou qu'on estime qu'ils sont prêts à être mis en cave. Pendant le séjour au séchoir, les fromages sont changés de face soir et matin.

Le séjour dans le séchoir a donné de la fermeté au fromage ; le petit lait qu'il renfermait encore s'est évaporé ; il est prêt alors à être livré pour être mis en cave. Nous disons livré, car les opérations qui précèdent ont lieu dans la ferme, et celles qui vont suivre se font dans les caves.

Les fromages arrivent aux caves le matin, dans des caisses, ils sont reçus, examinés et pesés. Là, tout fromage qui ne présente pas les qualités requises, qui est défectueux, est rebuté.

Un mot sur ces fameuses caves. Par le mot *cave*, à Roquefort, on entend un lieu pratiqué au sein même des fissures, des déchirures en longs couloirs de la montagne, qui est formée de calcane-oolithique (terrains jurassique). Ces couloirs naturels sont voûtés, aménagés, percés d'ouvertures ou soupiraux qui aspirent sans cesse l'air frais et humide qui émane autour d'elles. Chaque cave comprend plusieurs divisions, mais la *cave* proprement dite est le lieu ou débouchent les soupiraux et où les fromages sont soumis à l'action de l'air et de l'humidité qu'ils précipitent autour d'eux.

Le pourtour de ces caves et leur milieu sont garnis d'étagères disposées de façon à ménager de longs couloirs intermédiaires et parallèles entre eux pour le service. Au rez-de-chaussée, c'est-à-dire au-dessus de la cave, est le *poids* ou entrepôt des fromages ; c'est dans ce lieu que se fait la réception. A côté est le *saloir*, pièce spéciale, et d'autant mieux appropriée qu'elle est plus fraîche ; comme le nom l'indique, c'est là qu'on sale les fromages. La température dans les caves varie entre 4 et 8° C., l'humidité est égale à 60 degrés hygrométriques, elle prend sa source constante dans les eaux pluviales qui filtrent à travers la masse rocheuse, ou dans celles qui courent et jaillissent incessamment au fond des déchirures de la montagne.

Le sol du *poids* est recouvert de paille sur laquelle on dispose les pains de fromages à mesure qu'on les reçoit et où ils restent pendant 12 heures pour se rafraîchir. De là, ils passent au saloir pour y subir l'opération suivante : on prend un fromage, on le recouvre, sur une de ses faces, d'une couche de sel blanc en poudre, une poignée, puis on le dépose sur le sol. Un second fromage est salé de même et placé sur le premier, et ainsi d'un troisième et souvent d'un quatrième, de façon à former des piles de trois ou quatre fromages. Vingt-quatre heures après, on enlève le sel de la face sur laquelle on l'a étalé, à l'aide d'une toile forte, et on le ramène sur le pourtour du fromage en le frottant pour l'incorporer dans la pâte. On retourne chaque pain pour en saler la face opposée en reconstituant la pile. Deux jours après, on enlève le sel à l'aide de la toile, on conserve en pile encore deux ou trois jours, selon l'état de la température, pour sécher les fromages, après quoi, on les ramène au *poids* où ils sont soumis à deux opérations nouvelles.

Pendant la salaison, il s'est formé, à la surface des fromages, une couche de matière gluante et dont l'épaisseur varie avec la saison ; c'est ce qu'on appelle le *pégot*. Cette couche, déjà soulevée par la sécheresse, est enlevée avec la lame d'un couteau ; cela constitue la première opération. La seconde a pour but d'enlever la couche suivante ou seconde couche qui est désignée sous le nom de *rebarbe blanche*. Cette opération se fait immédiatement après l'autre; elles constituent l'une et l'autre le *raclage*.

Ce n'est qu'après le raclage qu'on peut juger de la valeur des fromages et de l'avenir qu'ils réservent au fabricant. De là un classement qui conduit à une division en trois catégories, à savoir : le premier choix ou surchoix, la première et la deuxième qualité ; et cette division est tellement importante qu'elle produit, à la vente, une différence de prix, entre les trois classes, égale à 20 fr. par 100 kilogrammes.

Le classement des fromages terminé, on les descend en cave où ils restent 8 jours disposés en piles de trois. Les plus gros, les plus fermes sont placés sur le sol même recouvert de paille, les autres sont disposés sur les étagères établies à cet effet ; plus tard on les met de champ, écartés les uns des autres pour éviter tout contact nuisible. Cette opération nouvelle se nomme *mettre en plies*. Pendant leur séjour en cave, les fromages se tintent, c'est-à-dire que la croûte se colore en jaune plus ou moins rougeâtre et cette couleur est différente de nuances suivant les caves. Souvent aussi il se développe à leur surface une moisissure blanche, compacte, et de $0^{m}05$ à $0^{m}06$ de longueur. Il faut alors les soumettre à un second raclage ; cela s'appelle *revirer* et le produit se nomme *reverum*.

Il est nécessaire de renouveler le revirage dans l'intervalle de huit à quinze jours, suivant la qualité du fromage, vu que les caves en précipitent la maturité. Notons que les fromages à pâte fine arrivent plus vite à maturité que ceux dont la qualité est inférieure.

Le travail des fromages en cave est tout du domaine des femmes auxquelles on donne le nom de *cabanières*, de l'ancien mot *cabane* par lequel on désignait les caves. Le nombre de femmes employées par la seule société des Caves-Réunies de Roquefort est de 400 environ, et leur salaire, qui était autrefois de 100 francs par an, logement et nourriture compris, s'élève aujourd'hui au double, soit 200 francs ; leur engagement est de 8 mois environ, soit pendant toute la période du travail des caves. Elles sont vêtues de vêtements chauds, de bas de laine et de sabots, ce qui leur permet de subir, sans altération de santé, la température exceptionnelle des caves. Elles travaillent à la lumière artificielle.

Après trente ou quarante jours d'exposition en cave, les fromages qui datent des premiers mois de la campagne sont susceptibles d'être vendus, et l'expédition s'en fait au fur et à mesure des commandes, en ayant le soin de prendre ceux qui touchent le plus à la maturité; mais cette catégorie se conserve mal, et c'est pour cette raison qu'on préfère, pour les envois sérieux, ceux de l'arrière-saison, c'est-à-dire que l'on conserve plus longtemps en cave. Mais il faut alors les racler plusieurs fois, soit jusqu'en septembre, vers la fin, époque à laquelle ils ont acquis leur entière maturité. A cette époque, on enlève une dernière fois le *reverum*, puis on procède à une seconde et dernière raclure qu'on désigne sous le nom de *rebarbe rouge*. Cette opération se fait également à la lumière artificielle, elle complète les manipulations auxquelles on a soumis les fromages pendant leur séjour en cave, qui leur fait éprouver un déchet de 23 à 25 %.

Arrivés à cette dernière limite, les fromages ont acquis toutes les qualités désirables: fermeté, goût exquis, moelleux, et quand on les ouvre ils offrent à l'œil ces marbrures d'un bleu verdâtre si recherchées dans le fromage de Roquefort. Ils sont enfin plus estimés que ceux de la première période et se conservent plusieurs mois si on a le soin de les préserver des changements brusques de la température.

Les signes caractéristiques de la maturité des fromages sont impossibles à saisir. Ce n'est donc qu'après une longue pratique qu'on peut juger, au toucher et à la couleur, lorsqu'un fromage est arrivé à une complète maturité. En voici d'ailleurs la composition :

Eau	34.550
Matières azotées	26.520
Substances grasses.	30.140
Sels	5.070
Matières non azotées et perte. .	3.720
TOTAL	100.000

mais on comprend, d'après ce qui précède, combien la composition de ces fromages doit varier.

L'expédition des fromages se fait dans des paniers cylindriques en osier ou dans des *cages* en bois, appelées *gagets* et dans des caisses; ils sont séparés entre eux par des feuilles circulaires en bois fort minces. Les plus exquis sont enveloppés de feuilles d'étain.

Il était rationnel de la part des agriculteurs des localités environnantes, de chercher, en présence de l'immense résultat que leur offrait l'industrie de Roquefort, à utiliser les excavations naturelles que les dislocations des chaînes de montagnes présentaient à leurs désirs de l'imiter. C'est ainsi que, dans l'Aveyron même et dans l'Hérault, au sein des fissures de ce qu'on pourrait appeler les rameaux du Larzac sont nées des industries échafaudées sur celles de Roquefort et dont les produits sont insensiblement arrivés, par des soins multipliés, à imiter ceux de cette localité sans rivale loin des caves du centre de fabrication. Malgré la valeur qu'ont acquise ces nouveaux produits, malgré leur bonne qualité, le commerce et les véritables amateurs ne les désigneront et ne les accepteront que sous le titre de *façon roquefort*. Quoi qu'il en soit, nous ne pouvons nous empêcher d'applaudir à cette tendance des agriculteurs intelligents de toutes les nations à imiter les produits hors ligne de l'industrie laitière, qu'elle qu'en soit l'origine: elle prouve en leur faveur; elle fait plus encore puisqu'elle développe autour de nous, d'abord, une source de bien-être et une grande somme de bénéfice ensuite, pour le propriétaire du sol.

IV. Le *fromage de Chester* se fabrique en Angleterre, dans le comté de Chester, de là son nom; il a une grande renommée chez les Anglais et sur le continent.

Il se fabrique soit avec du lait pur, soit avec du lait en partie écrémé, aussi existe-t-il des chester de différentes qualités. Le lait est filtré, puis porté à la température de 30 degrés, au bain-marie, on y ajoute un peu de rocou ou du jus de carotte pour colorer, et on met en présure, cette dernière opération dure environ une demi-heure.

La coagulation étant faite, on rompt le caillé, on laisse reposer et le petit lait est enlevé. Le caillé est ensuite pétri avec les mains pour en exprimer le petit lait, enfin, il est divisé en petits fragments et on comprime avec des poids pour le débarrasser du petit lait qui a pu échapper aux opérations précédentes.

Cela fait, le caillé est retiré du baquet, divisé de nouveau, puis tassé dans une forme où on le comprime fortement. Il est ensuite placé dans une autre forme garnie d'une toile et pourvue, à sa partie supérieure, d'un cercle métallique qui entre dans le moule et qui maintient une toile fine placée sous la forme. Le tout est mis sous la presse et on va jusqu'à 800 kilogrammes de pression.

Toutes ces pratiques demandent cinq ou six heures. Quant à la pression, elle se prolonge huit ou dix heures, c'est-à-dire toute une nuit. Le lendemain matin, le fromage est retourné, percé avec des broches en fer pour faciliter l'écoulement du petit lait, puis pressé de nouveau. On recommence de même le troisième jour; enfin, on procède à la salaison.

Pour cela, le fromage est maintenu trois ou quatre jours dans une saumure, puis pendant les dix jours qui suivent, on le saupoudre de sel, en le retournant deux fois par jour. On termine l'opération, le dixième jour, en plongeant le fromage pendant un quart d'heure environ dans du petit lait chaud, il est essuyé, puis mis à sécher sur une planche où il reste environ huit jours, pendant lesquels on le retourne et on l'essuie une fois par jour; après quoi, on le porte dans la chambre de maturation où il reste environ trois mois, pendant lesquels on l'essuie deux ou trois fois par semaine et on le frotte de beurre de temps en temps. Ces fromages ont généralement 35 centimètres de diamètre sur 23 de haut, ils ont la pâte ferme, moelleuse, et d'une couleur rouge-saumon due au colorant qu'on ajoute au lait au début de la fabrication.

Fromages cuits, pressés et salés. — Ce groupe, encore quelquefois appelé fromages de chaudières, comprend :

1° Le fromage de Gruyère ;

2° Le fromage de Port-Salut ;

3° Le fromage de Parmesan.

I. *Le fromage de Gruyère,* de beaucoup le plus important, tire son nom d'une petite ville de la Suisse située à 20 kilomètres de Fribourg, ville où se trouvait autrefois centralisé le commerce de ces fromages ; mais aujourd'hui la fabrication de ce produit a franchi les limites du canton, et même de la Suisse, car plusieurs de nos départements, l'Ain, le Doubs, la Haute-Saône, l'Yonne, etc., se livrent à cette industrie.

Les établissements où l'on fabrique le fromage de Gruyère sont appelés *fruiteries* en France, c'est là qu'un certain nombre d'habitants qui, ne pouvant obtenir sur leur domaine assez de lait, envoient le produit de leur traite qui est mis en commun. — Les fabriques situées dans les montagnes portent plus spécialement le nom de *chalets*.

Il y a deux sortes de gruyère : le fromage gras qu'on fabrique surtout en Suisse, dans les montagnes des cantons de Fribourg, Schaffousse, Unterwald, Berne, etc. On le désigne plus communément sous le nom de fromage d'Emmenthal, il est caractérisé à l'aspect par la rareté de ses yeux. Le fromage demi-gras est surtout fabriqué en France. C'est l'espèce la plus répandue. On le fabrique aussi en Suisse, mais dans la plaine où il est possible de vendre le beurre ; dans les chalets ou fruiteries des montagnes la vente du beurre est impossible et on fabrique du fromage gras. C'est ce qui explique pourquoi le commerce fait une distinction si marquée entre le gruyère suisse de plaine et celui des montagnes. Toutefois, le procédé de fabrication est le même pour ces deux sortes de fromages.

M. P. Joignaux décrit ainsi la fabrication du fromage demi-gras telle qu'il l'a vue exécuter à la fruiterie de Champvaux, près de Poligny, dans le Jura :

Imaginez sur le côté d'une large cheminée de village une sorte de petite potence en bois, composée d'un arbre vertical tournant sur lui-même et surmonté d'un bras horizontal auquel on suspend une chaudière pouvant contenir jusqu'à 250 ou 300 litres. On y verse le lait au tiers écrémé, puis on chauffe jusqu'à 25 degrés avec du bois de fagots parfaitement sec. Après cela, le fruitier saisit le bras de la potence, fait tourner l'arbre et amène la chaudière à lui en l'éloignant du foyer. Alors, il exécute le détail le plus délicat de l'opération, qui consiste à coaguler le fromage au moyen de la présure qu'il essaye d'abord dans sa grande cuiller en bois, afin de s'assurer de sa force. Il faut environ un demi-litre pour 250 litres de lait, un peu plus, un peu moins selon la saison. Au bout d'un quart d'heure approchant, le caillé est entièrement formé. Le fruitier le divise de son mieux avec la cuiller ou une espèce de latte, puis il achève la division avec un brassoir qu'il agite dans la chaudière, de manière à imprimer des mouvements dans tous les sens. Il pousse de nouveau la chaudière sur le feu, tout en continuant de brasser jusqu'à ce que la température arrive à 32 ou 33 degrés. Il s'arrête le temps nécessaire pour éloigner la chaudière du foyer, puis il continue de brasser pendant un quart d'heure environ, jusqu'à ce que le caillé très divisé présente une couleur blanc-jaunâtre, forme bien la boule de pâte et craque un peu sous la dent.

Le caillé, abandonné à lui-même, se sépare du petit lait et ne tarde pas à se déposer entièrement au fond de la chaudière. Le fruitier prend alors une large toile blanche, saisit un des côtes de cette toile avec les dents, roule deux ou trois fois le côté opposé autour d'une baguette en bois très flexible, et tenant la baguette en question par les deux bouts, il la plonge horizontalement au fond de la chaudière, la fait glisser sous le fromage, la ramène au-dessus du petit lait et la lâche ensuite pour saisir la serviette par les quatre coins et sortir le fromage de la chaudière. Il donne à ce fromage le temps d'égoutter un peu et le porte, enveloppé de son linge, dans un moule en forme de cerceau de tamis. Il le soumet à une forte pression au moyen de poids ou d'une vis et le transporte dans la cave le lendemain où le surlendemain au plus tard.

Là, le fromage est frotté tous les jours et dans tous les sens avec du sel pilé jusqu'à ce que la meule n'en absorbe plus et reste humide à la surface. C'est l'affaire de deux ou trois mois.

Le petit lait qui reste dans la chaudière après l'enlèvement du fromage n'a pas la transparence de celui de nos petites laiteries de campagne ; il est blanchi et troublé par le caillé qui n'a pu être saisi avec la toile. Dans le Jura, il porte le nom de *serai*.

On ne le vend pas : on le donne aux pauvres gens de l'endroit.

A quels signes reconnaît-on les fromages de Gruyère de bonne qualité ? On les reconnaît à leur pâte jaunâtre, fine et fondante dans la bouche. Sur ce point, tout lé monde est d'accord, mais il en est un autre sur lequel on ne s'accorde nullement. Beaucoup de personnes posent en fait qu'un bon fromage de Gruyère doit être percé de gros trous ; d'autres, et nous sommes du nombre, continue M. Joigneaux, avec les fabricants du Jura, soutiennent que le bon Gruyère a les yeux petits, très-petits, et des fissures légères par où suinte la saumure. Les gros yeux dans une pâte de cette nature sont des indices d'un coup de feu trop violent.

Les fromages ne se font bien que dans la cave de la fruiterie, parce qu'ils y sont en grand nombre. Ce résultat est dû, vraisemblablement, à l'influence du gaz ammoniac qui se dégage des fromages en fermentation et qui réagit ensuite sur eux. Cette conjecture s'accorde assez bien avec le procédé de M. Villeroy, procédé dont M. Malaguti nous parle en ces termes :

M. Villeroy fait intervenir l'ammoniaque dans la préparation du fromage, il assure que le produit est plus agréable au goût et plus salubre ; voici comment il opère :

Lorsqu'il a salé le fromage bien pressé, il le pétrit en y ajoutant une quantité d'ammoniaque suffisante pour lui enlever la plus grande partie de son acide. Après avoir ainsi pétri le fromage, il lui donne la forme voulue au moyen d'un moule, et il le laisse exposé pendant quelque temps à un courant d'air pour le sécher extérieurement.

L'effet de l'ammoniaque, dit M. Villeroy, est surprenant. A mesure qu'on travaille le fromage change d'aspect, prend l'apparence d'une masse butyreuse et a toutes les qualités qu'on peut attendre d'un fromage sec, il est, d'ailleurs, d'une digestion bien plus facile que le fromage frais.

M. Duclaux ayant analysé un fromage de Gruyère primé au concours de Paris, très homogène d'aspect et de constitution, y a trouvé les substances suivantes :

Acide butyrique. . . .	2 gr. 5	p. 1000
Ammoniaque libre. . .	0 gr. 29	—
Ammoniaque combiné. .	0 gr. 58	—

L'analyse complète à donné :

Eau	36.00
Matière grasse.	29.29
Caséine insoluble	24.54
Caséine soluble	6.30
Chlorure de sodium.	0.57
Sels minéraux.	3.30
TOTAL.	100.00

Les fromages de Gruyère ont la forme de disques d'un diamètre de 1 mètre environ sur une épaisseur de 10 à 12 centimètres ; leur poids varie entre 25 et 32 kilogrammes.

Dans le Jura ils se vendent, suivant les cours, de 95 à 115 francs les 100 kilogrammes.

Les fromages suisses ou d'Emmenthal sont un peu

plus petits : 70 à 80 centimètres de diamètre sur 10 à 12 centimètres de hauteur, ils pèsent de 50 à 80 kilogrammes.

Il y a actuellement en France environ 2,000 fruitières.

II. Le *fromage de Port-du-Salut* est originaire de l'abbaye de la Trappe du Port-du-Salut, à 12 kilomètres de Laval (Mayenne), il a une certaine mollesse de pâte et un goût agréable.

On le fabrique en chauffant le lait à 28 ou 30 degrés, température à laquelle on met en présure ; puis le caillé est rompu pendant dix minutes tout au plus. On brasse ensuite et on élève la température de quelques degrés, lorsque le caillé présente des fragments de la grosseur d'un grain de blé, ce qui demande environ 20 minutes ; on laisse reposer le caillé pendant quelques instants et on soutire le petit lait.

Dans des moules en fer blanc d'environ 30 centimètres de diamètre garnis d'une toile, on introduit le caillé précédemment obtenu qu'on tire de la chaudière, on le comprime légèrement, puis lorsque la masse dépasse de un ou deux centimètres le bord du moule, on replie les côtés de la toile sur le fromage et on le transporte sur l'égouttoir où ils sont pressés progressivement, sans toutefois que la pression excède 10 kilogrammes pour un fromage pesant 2 kilogrammes.

La pression terminée, on enlève les moules et les toiles, on retourne les fromages sur des planchettes bien sèches, et on les transporte au séchoir où ils sont placés sur des étagères, la température de ce séchoir ne doit pas descendre au-dessous de 15 degrés. On les y laisse ainsi douze heures, puis, étant suffisamment ressuyés, on procède à la salaison, qui est très faible. En effet 50 grammes de sel par fromage suffisent, encore cette quantité est-elle appliquée dans une période de vingt jours, à l'aide d'un pinceau en fil que l'on trempe dans une dissolution de sel. Au bout de ce temps, une légère croûte recouvre les fromages qui sont transportés à la cave. Celle-ci doit être bien ventilée et sa température ne doit pas monter au-dessus de 12 degrés. Les fromages restent ainsi cinq à six semaines, pendant lesquelles on les retourne de temps en temps et on les frotte sur les deux faces avec un linge imbibé d'eau tiède légèrement salée. Pendant la première quinzaine on renouvelle cette opération tous les deux jours, après, toutes les semaines seulement.

On évite le fendillement de la croûte lorsque cette tendance se manifeste, en frottant les fromages avec un peu de beurre.

III. Le *fromage de Parmesan* se fabrique en Lombardie, notamment aux environs de Pavie et de Lodi. Celui de Lodi est le plus estimé, on l'appelle quelquefois fromage de Lodigiano.

Le fromage de Parmesan se consomme rarement en nature.

Le plus souvent on l'ajoute au macaroni et à diverses autres préparations culinaines.

Il s'en fait une assez forte consommation en France et en Allemagne.

La fabrication du parmesan est difficile et donne lieu à des qualités différentes, toutefois elle ressemble quelque peu à la confection du gruyère, avec cette notable différence, toutefois, que le lait est toujours plus ou moins écrémé.

On opère sur environ 200 litres de lait, et cette quantité de matière première est, paraît-il, une des conditions de succès. La crème étant enlevée, le lait est versé dans une chaudière et chauffé doucement jusqu'à 28 degrés environ. C'est à cette température qu'on ajoute la présure ; après quoi, la chaudière est retirée du foyer pour que la coagulation puisse se faire régulièrement.

Au bout d'une heure, le caillé est formé, on le rompt en très petits fragments, puis on remet la chaudière sur le feu, on brasse le caillé, on ajoute du safran en poudre en plus ou moins grande quantité, suivant l'intensité de la coloration qu'on veut obtenir, et on élève la température à 50 degrés. A ce moment, la masse forme une bouillie visqueuse ; on retire la chaudière du feu, et bientôt le caillé se prend en masse et tombe au fond. Deux hommes l'enlèvent alors avec une toile, comme il a été dit au sujet de la fabrication du gruyère, puis on met égoutter dans la toile pendant une demi-heure. Cela fait, on met en moules, ceux-ci consistent en cerceaux de bois maintenus par une corde, on laisse la toile et on remplit les moules de façon à ce qu'ils débordent de quelques centimètres, puis on met en presse en augmentant graduellement pendant vingt-quatre heures environ.

On procède alors à la salaison, qui se fait en saupoudrant tous les deux jours les deux faces du fromage de sel gris finement pulvérisé, cela dure environ quarante jours ; après quoi, le fromage est porté à la cave après avoir été lavé avec du petit lait chaud. Là on les essuie et on les racle de temps à autre en les retournant tous les deux jours. Si la croûte a des tendances à durcir, on la frotte avec un mélange d'huile de lin et de beurre.

Les fromages restent ainsi en cave pendant dix-huit mois, puis ils sont portés dans le magasin où on les dispose sur des planches ; pour être complètement faits, ils doivent y rester trois ou quatre ans. Au moment de les expédier, on colore la croûte avec du noir de fumée dissous dans de l'huile.

CHAPITRE XVIII

COMMERCE DES FROMAGES

Importations et exportations. — Nous exportons bon nombre de fromages, environ pour une valeur de 8.000.000 de francs, par contre, nous en importons pour environ 20.000.000 de francs, soit plus du double.

Les fromages à pâte molle que nous recevons, viennent principalement d'Allemagne.

Quant aux fromages à pâte dure, ils nous viennent surtout de la Suisse (gruyère), de l'Italie (parmesan), de la Hollande (fromage de Hollande) et de l'Angleterre (chester), etc.

Nos exportations sont principalement dirigées sur l'Algérie, l'Espagne, la Turquie, l'Égypte, l'Amérique du Sud et les colonies françaises, ce sont surtout nos fromages à pâte dure.

Toutefois, il faut reconnaître, comme le fait remarquer la *France agricole* du 1er janvier 1888, que l'industrie des fromages commence, comme bien d'autres industries agricoles, à ressentir les terribles coups de la concurrence américaine. C'est ainsi que la Californie, où le lait est abondant et peu cher, fabrique des parmesans, des limbourgs, et jusqu'à des fromages de Hollande, qui viennent concurrencer, sur les marchés des États-Unis, les mêmes fromages venant des pays de production, en attendant le jour — peu éloigné peut-être — où ils viendront battre nos produits sur leur propre terrain. C'est pourquoi on ne saurait trop conseiller aux cultivateurs de se grouper, de multiplier par l'association, la création de ces usines agricoles qui, sous le nom de *fruitières*, produisent le fromage dans de meilleures conditions et en assurent l'écoulement pour le compte de la communauté. On sait les résultats que cette idée féconde a donnés dans certains de nos départements, tels que le Doubs et le Jura, par exemple. Elle a fait, du reste, la fortune de la Suisse qui, avant la création de ces sortes de sociétés coopératives, produisait à peine pour sa consommation et qui, maintenant, possède un commerce d'exportation considérable.

Vente des fromages à la Halle de Paris. — En 1873, les fromages vendus à la halle représentaient une valeur de 3.486.805 francs. En 1879, cette quantité s'élevait à 5.506.203 francs, soit, en l'espace de six ans, une augmentation de 2.019.398 francs.

En 1879, la répartition de ces différents fromages était la suivante :

Fromages de Brie	2.510.000 fr.
— de Livarot . . .	452.000 —
— de Mont-d'Or . .	349.000 —
— de Neufchâtel .	163.000 —
— divers comprenant :	
Fromage de Montléry, Camembert, Munster, Géromé, Gruyère, Roquefort, Chester, Parmesan, Hollande, etc.	1.772.000 fr.

Tous les fromages, qu'ils soient fabriqués en France ou à l'étranger, qui sont considérés comme *secs*, payent, à leur entrée, un droit fixe de 11 fr. 50 par 100 kilogrammes. Les fromages frais payent un droit de marché *ad valorem*, de 1 fr. 25 les 100 kilogrammes environ.

En ce qui concerne les quantités; tandis qu'en 1879, les fromages envoyés aux halles représentaient 5.225.000 kilogrammes ; en 1886, cette quantité a atteint 7.185.000 kilogrammes. L'augmentation porte surtout sur les fromages à pâte molle, qui sont de plus en plus recherchés.

Ces quantités peuvent être ainsi réparties :

a. Fromages à pâte molle :

Brie	1.905.000	kilog.
Camembert.	1.240.000	—
Livarot	1.005.200	—
Coulommiers	515.600	—
Mont-d'Or	1.016.057	—
Divers	232.700	—
TOTAL.	6.116.056	kilog.

b. Fromages frais vendus au poids :

Port-Salut	42.127	kilog.
Munster	34.422	—
Géromé	22.700	—
Limbourg	50,395	—
Romatour	14.162	—
Langres	7.905	—
Divers	2.351	—
TOTAL.	175.061	kilog.

c. Fromages secs :

Gruyère	535.223 kilog.
Roquefort	131.575 —
Hollande	21.414 —
Cantal	32.405 —
Chester	3.118 —
Divers	3.716 —
TOTAL.	727.452 kilog.

Le total général des fromages consommés à Paris pendant l'année 1886 s'est donc élevé à 7.018.569 kilogrammes; mais la consommation des fromages à pâte molle a été beaucoup plus forte que celle des fromages secs.

En résumé, cette consommation a été fort minime, puisqu'elle ne s'est élevée qu'à 3 kil. 133 par tête. D'où il résulte, on le voit, que la consommation des fromages frais l'emporte, dans une large mesure, sur celle des fromages secs. C'est là une indication précieuse pour les cultivateurs et qu'ils feront bien de mettre à profit.

TABLE DES MATIÈRES

PREMIÈRE PARTIE

LE LAIT

DEUXIÈME PARTIE

LE BEURRE

TROISIÈME PARTIE

LES FROMAGES

Paris. — Typ. Ch. UNSINGER, 83, rue du Bac.

www.ingramcontent.com/pod-product-compliance
Ingram Content Group UK Ltd.
Pitfield, Milton Keynes, MK11 3LW, UK
UKHW021055220726
13924UKWH00005B/2109

9 782019 223335